知識ゼロでも大丈夫！

忙しい社長のための
ＷＥＢ活用術

吉田　英樹

目次

はじめに

Chapter01：中身より見た目？ ——————— 7

Chapter02：WEB の歴史 ——————— 13

Chapter03：マーケティングとは？ ——————— 31

Chapter04：WEB マーケティングとは？ ——————— 37

Chapter05：WEB マーケティングの目的と目標 —— 43

Chapter06：ホームページと実店舗 ——————— 49

Chapter07：WEB サイトの導線設計 ——————— 59

Chapter08：PPC 広告とリスティング広告 ——— 67

Chapter09：知っておきたい18のネット広告用語 — 73

Chapter10：ペルソナ設定 ——————— 83

Chapter11：4Pと4C ────── 93

Chapter12：売れるランディングページ ───101

Chapter13：恐竜のしっぽ作戦!! ──────111

Chapter14：あ～作戦?? ───────117

Chapter15：アイドルの法則!? ──────125

Chapter16：インバウンドマーケティング ───129

Chapter17：ポジショニング戦略してますか? ─135

Chapter18：市場を見つけるための5つのポイント! ─143

おまけ：忙しい社長のためのランディングページ
　　　　活用術
　　　　　　　　　　　　　　　　　　　　151

はじめに

「忙しい社長のための WEB 活用術」は私が実際にサポートしているお客様の声をもとに、約３年かけＷＥＢ上で公開してきたエッセイを書籍用にまとめたものでございます。

　比較的大手でＷＥＢマーケティングに投資できる資金があれば、専門家とともに、成功へのステップを一緒に実践することができるのですが、おそらくこの本を手に取ってお読みいただいている多くの社長様は、そのことを重々理解しているからこそ、必死に自分で考え、勉強し、ＷＥＢの必要性を認識し、自ら実践しようとしているのだと思います。

　セミナーや勉強会などで知識を得ることも重要ですが、私は本気で何事も実践あるのみだと考えています。

　ＷＥＢマーケティングは思ったら即実践できる優れものです！

　即実践できるにも関わらず、ＷＥＢ制作会社や広告代理店などの専門家をいちいち経由していたら時間との勝負に負け、チャンスを手に入れることができなくなります。

　忙しい中小企業の社長だからこそ、自分でできることは自分でやる！
　これに尽きます。

はじめに

　極論、ホームページに投資するお金は一切使用せず、ＷＥＢマーケティングに使う投資はすべてＷＥＢに特化した広告費のみにするのがもっとも効率的であると思います。

　ＷＥＢ広告費も代理店を通さないで自分で学び実践すれば、おそらく半分以下の投資で今以上の効果を発揮すると断言しても良いくらい運用も自動化してきました。

　この本を読んでいただいても最初はわからないことだらけだと思いますが、ＰＤＣＡを繰り返し、七転び八起きで繰り返してゆくうちに、ＷＥＢも広告効果も驚くほど成長していることを実感できるはずです。

　ぜひ社長さんにしか実現できないオンリーワンの生きたＷＥＢサイトを作ってください。

　素晴らしいＷＥＢサイトができたら私にも教えていただけると嬉しいです。

吉田英樹

中身より見た目？

CHAPTER01

超・美味しいラーメンを作れるラーメン屋さん

と

超・儲かるラーメンを作れるラーメン屋さん

あなたがお店のオーナーだったら
どちらのラーメン屋を目指したいですか？

CHAPTER01
中身より見た目？

私は欲張りなので「超美味しいラーメンを作り、行列ができるラーメン屋にして超儲けたい」と答えるでしょう！

　これを「人間」にたとえるなら「いろいろ勉強して、コミュニケーション能力高めて、誰からも好かれる人間になって、結果、モテモテ人間になりたい！」と言っているのと同じなのです。

　非常に言いにくいことなのですが、誰でもうまいラーメンを作れば大繁盛！　と思ったら大間違いなのです。誰でも性格が良ければモテモテ！　と思ったら大間違いなのです。

　うまいラーメンを作れてもお客様が「食べた〜い」と思わなければ、お客様はお店に足を運んでくれません！　どんなに美味しいラーメンが作れても、きっとそのラーメン屋さんは倒産してしまいます。

　認知度ゼロ、知名度ゼロの人、モノ、サービスを軌道に乗せるために必要なこと。何よりも優先すべきことは中身ではなくて、見た目なのです！

　人間にたとえるとわかりやすいです。たとえば、性格がどんなに良い人でも容姿が良くなければ、その人のことを初めて見た人がいきなり好きになってくれる可能性は限りなく低いと思います。

　とても残念なことですが、初めて会った人に対してモテる可能性を少しでも高くしたいなら " まずは見た目 " なのです……。性格の

CHAPTER01
中身より見た目？

良し悪しは、そのあとのお話しなのです。

　個人的には認めたくないのですが「かわいい」「かっこいい」ほうがモテるのは間違いのない事実なのでございます。

　ビジネスで自社の商品、サービスをお金に換えるためには「売ることが大切」です。どんなに売っても利益が出ないと会社は倒産してしまいます。

　という理由から自社の商品サービスを他社よりも豪華・キレイ・かっこいいなど、良く見せる努力をすることが重要なのです！

　取り扱う商品やサービスをどう魅せたい、どう思わせたいかではなく、相手から見てどう見えるか？　どう思うか？　が重要ってこ

【CHAPTER01 のポイント】
中身より見た目が先！　中身は後回しで良い！

11

となんですね！

　さて、ラーメン屋さんの例に戻りましょう！

　実際に店舗の売上がなかなか伸びず困ったとしましょう。

　そうすると多くの経営者が「もっとおいしいラーメンを作らなきゃ！」と必死になり、原価をかけて、手間をかけて、人件費をかけて、ようやく納得のいくラーメンが完成したとしても？

　集客のことをまったくしていなかった結果、お客様が来ないため、そのラーメン屋さんは泣く泣く閉店なんてことも！

　売ることと売り続けることはまったくの別ものです。

　マーケティングは売るための手段なのです。

　口コミ、リピーターをゼロから作っていくことはできません。

　ゼロを無限大の可能性を秘めた1にするためにWEBという史上最大の武器を駆使して、まずは相手に知ってもらうこと、そして選んでもらうことが大切なのですね！

　選んでもらったら、ありったけの感謝を込めて、美味しいラーメンを提供することがリピーターを生み、そのリピーターが口コミをしてくれて商売繁盛となるのですね！

WEBの歴史

CHAPTER02

WEB マーケティングを理解するためには、WEB の歴史を知っておくと、一つひとつの出来事の点が線になるため、歴史を知ることはとても必要だと思っています。

　せっかくなので？
　著書である私の歴史と照らし合わせ、ご紹介したいと思います。

【1970 年】

　著者である「吉田英樹」がこの世に生まれる！

　私にとっては、地球の歴史上最高の 1 日なのでございます。ちなみに「大阪万博」が開催した年でもあります。この頃は、まだインターネットの影すら存在していませんでした。当然、WEB なんてものは言葉すらなかったのです。

　そして 7 年の月日が流れ……。

【1977 年】

　アップルコンピュータが設立され、Apple II が世に出た年でございます。コンピュータ時代の幕開けです！

　Apple II はパソコンの普及に貢献し、生産は 1993 年まで続き、総計 500 万台が生産されました。

CHAPTER02
WEBの歴史

そして月日はさらに流れ……。

【1982年】
　パーソナルコンピュータ PC-9801 が発売されました

価格はなんと 29 万 8000 円。当時、小学生の私にはまったく手が出せない代物でした。お店の店頭だけが頼りで、とても羨ましかったことを覚えています。

【1983 年】

インターネットが誕生した記念すべき年なのですが、このときはまだインターネットはごく一部の研究者など、特別な人たちだけのものであり、一般に知られるにはまだまだ遠い年月が必要なのでございました。

ちなみにこの年は、東京ディズニーランドが開園した年でもあります。大ブームでまったく買えなかったファミコンもこの年に発売されました。

月日はさらにさらに流れ……。

【1991 年】

世界初の World Wide Web サイトが開設されました！

インターネットが誕生した 1983 年から 8 年も経過して、ようやく文字だけの WEB サイトが誕生したのです。今では考えられませんが、当時は文字の通信だけでも画期的だったわけでございます。

こちらにアクセスすると、当時のサイトが復刻版として閲覧できます。WEB サイトはすべてがここから始まったのです。

http://info.cern.ch/hypertext/WWW/TheProject.html

World Wide Web

The WorldWideWeb (W3) is a wide-area hypermedia information retrieval initiative aiming to give universal access to a large universe of documents.

Everything there is online about W3 is linked directly or indirectly to this document, including an executive summary of the project, Mailing lists , Policy , November's W3 news , Frequently Asked Questions .

What's out there?
    Pointers to the world's online information, subjects , W3 servers , etc.
Help
    on the browser you are using
Software Products
    A list of W3 project components and their current state (e.g. Line Mode ,X11 Viola , NeXTStep , Servers , Tools , Mail robot , Library)
Technical
    Details of protocols, formats, program internals etc
Bibliography
    Paper documentation on W3 and references.
People
    A list of some people involved in the project.
History
    A summary of the history of the project.
How can I help ?
    If you would like to support the web.
Getting code
    Getting the code by anonymous FTP , etc.

「ワールドワイドウェブは、広域ハイパーメディア情報取得の取り組みです。広大な資料文書の世界へ、世界どこからでもアクセスできることを目指しています」ということが書かれています。

【1992年】

　日本人宇宙飛行士の毛利さんが、宇宙へ出発したこの年に、日本で最初のホームページが誕生したのです‼

　1992年9月30日、茨城県つくば市にある文部省高エネルギー加速器研究機構計算科学センターの森田洋平博士によって発信されました。

　サイトはこんな感じでした。

CHAPTER02
WEB の歴史

KEK Information

Welcome to the KEK WWW server. This server is still in the process of being set up. If you have question on this KEK Information page, send e-mail to morita@kek.jp.

Help
    On this program, or the World-Wide Web .
H E P
    World Wide Web service provided by other High-Energy Physics institutes.
KIWI
    KEK Integrated Workstation environment Initiative.
Root
    WS Manager Support (Root) [EUC]
See also:
    Types of server , and OTHER SUBJECTS

【1993 年】

Windows 3.1 発売！

J リーグが設立され、日本にサッカーブームが到来し、ワールド
カップ予選でロスタイムの失点で W 杯出場を逃した「ドーハの悲
劇」があったのがこの年です。

【1994 年】

Amazon が設立されました。日本では 6 年後の 2000 年です。当
時は、Amazon のことをまったく知らずに、私はゲーム（セガサター
ン）に夢中でした。フイバル機のプレステが、将来的には圧勝する
んですけど、私は今でも SEGA 派です。

1994年
プレステ&セガサターン登場

バイオハザード
FF… 人気作たくさん

プレイステーション

バーチャファイターとか
ソニックとか
サクラ大戦
とか…

セガサターン

当時はせがた三四郎（藤岡弘）がイイ味を出していた記憶があります。ちなみに、あなたはどっち派としたか？　え？仕大堂派？

【1995 年】

阪神淡路大震災や地下鉄サリン事件など、大変な年でもありましたが、へそ出しルックとともに、PC が急成長を遂げる幕開けとなった Windows 95 が発売された年なのでございます。

ちなみに、発売日の光景はこんな感じだったようです。

なぜ、こんなに並んでまでほしかったのか？

その理由はネットワーク機能が追加されたことでした。この Windows95 のおかげで、インターネットが普及したといってもおかしくないと思います。

ただし……、電話回線で高額な費用が払える人限定でしたけど!!

いずれにせよ、インターネットの火付け役となった超優秀な OS であることには間違いありません！

【1996 年】

私が経営する会社が大変お世話になっている Yahoo! JAPAN がサービスを開始した年です。

ちなみに Yahoo という名前の由来は "Yet Another Hierarchical Officious Oracle" の略だといわれていますが、ガリバー旅行記に出てくるフウイヌム国の野蛮な生き物「ヤフー」が語源という説も有力となっています。

開発者であるデビッド・ファイロとジェリー・ヤンの2人が自分たちを「野蛮人」と揶揄するためにつけた名前とも言われています。まあ、知らなくても良いことですが、ヤフーの由来を熱く語ると何気にモテるかも？　しれませんので損（孫）はないかもね〜

【1997 年】

消費税が5％に引き上げられガッカリでしたが、日本が悲願のワールドカップ出場を決め、熱くなった年です。この年にひっそりと「楽天」が設立されたのでございます。まさか野球チームを持つまでの会社になるなんて！

ちなみに、私が楽天を使い始めるのは、この年から相当な年月を

CHAPTER02
WEB の歴史

経過した頃なのでございます。

【1998 年】

　長野オリンピックが開催され、カップルが皆「タイタニックポーズ」を真似していた頃、Google が設立されたのでございます。

　さらに Windows 98 も発売され、業界はかなり盛り上がった年でした。

【1999 年】

　携帯電話の普及で、電話番号が 10 桁から 11 桁に増えた頃、女性の靴も 15㎝〜 20㎝と超厚底になり「マジで歩けるの？」ってくらい、へなちょこ歩きをしている女性がたくさんいて、今思うと本当に面白い風景だったこの年に、巨大匿名掲示板「2 ちゃんねる」が誕生したのでございます。

　私はしばらくの間、テレビの 2 チャンネルのことだと思っていました w

　この頃から急速にインターネットが普及し、ナローバンドからブロードバンドへ成長を遂げるのでございます。

【2000 年】

　イチローが大リーガーとなり、今やまったく使用されてないであろう 2000 円札が発行された頃、Google が日本語の検索サービスを開始したのでございます。

　そして、この 2000 年が私の人生を大きく変えた年。「WEB 業界」へ転身した記念すべき年なのでございま〜す！

2000年
2000円札の発行

CHAPTER02
WEB の歴史

【2001 年】

　個人的にはまだ一度も行ったことのない東京ディズニーシーが開園し、さらにユニバーサル・スタジオ・ジャパンも開園。この年に、インターネットの百科事典、広辞苑的情報サイト「Wikipedia」がサービスを開始していたのです！

　当時の私は、Wikipedia の存在をまったく知りませんでした。

【2003 年】

　六本木ヒルズがオープンし、地デジ放送が開始されたこの年に、インターネットの世界はとんでもないことになっていたのでございます。

　ご存知の方も多いかと思いますが、Second Life（セカンドライフ）という仮想世界が誕生し、バーチャルの世界で第二の人生を楽しむことができるようになったのです。

　このサービスは 2007 年をピークに減少し、Facebook や LINE にすべてを奪われる形になりましたが、当時はリアルマネーで富を得た人もいるくらいです。私に大きな夢を見せてくれた画期的な仮装空間でした。

【2004 年】

　Facebook と mixi がサービスを開始した頃、私はバリバリの広告代理店の営業マンでした。同僚とカラオケに行くたびに「マツケンサンバ」を歌っていました。

　本当はあまり得意な歌ではなかったのですが、顔がマツケンに似ていたため人気を取るため必死に踊りまで覚えました。

【2006 年】

　携帯電話の番号ポータビリティ制度が開始されたこの年に、ライブドアの堀江貴文社長が証券取引法違反容疑で逮捕され、「ＩＴ業界のイメージが最悪〜」と思っていた私を思い出します。

　そんな逆行の最中「ニコニコ動画」と「Twitter」がサービスを開始した年でございます。ちなみに私は、ツイッターをトュイッターと発音していました。お恥ずかしい限りです。

【2007 年】

　ＮＴＴドコモがパケット定額制サービスを開始した同時期にGoogle が携帯電話専用の検索エンジンを開始しました。このとき私は「携帯電話のＷＥＢ時代到来だ！」「ＷＥＢマケ市場が一気に躍進するぞ！」と、本気でワクワクしたのを覚えております。

　携帯広告事業が盛り上がらなかったぶん、スマホ誕生で「今度こそ来るぞ！」と思う人と、「どうせ無理無理、所詮携帯は携帯」と冷めた人と、業界では真っ二つに意見がわかれた年でございます。

　実はアメリカで iPhone が発売されたのもこの年だったのを覚えております。iPhone のおかげで、今のスマホがあると私は思っております！

【2008 年】

　タクシーの全面禁煙化がはじまり「超ふざけんなよ！」と当時愛煙家だった私はブーイングしていたのを覚えております。まさかその後、JR も全面禁煙になって、都内全域が禁煙になり、なんと！私吉田がタバコをやめ、超禁煙推奨派になるなど誰が想像したで

CHAPTER02
WEB の歴史

しょうか？？？

　そして……、iPhone 及び android が日本で発売され、ガラケーも消えてゆく運命をたどると誰が想像できたでしょうか！

　この頃は、cloud サービスも新しいビジネスとして注目されはじめた頃ですね！　私は、大切なデータは絶対にローカルに保存するタイプだったので、まったく興味がありませんでした……。

【2010 年】

　私吉田が初めて出版した書籍「ウェブ・マーケティングのプロが明かす　超・ネット販促」が発売されたのが、この年でございます。発売後何年経過しても中身は新鮮のままですよ。今でも十分にWEB マーケティングに活用できる内容となっております。皆さま絶対に買いましょうね！

　さて、この年は街中でタブレットなどを無線に接続し、移動中でもネットが楽しめる Wi-Fi が一気に整備され、ネットは自宅で楽しむものから移動中の暇つぶしに楽しむものへと、利用シーンが大きく変化していったのでした。

　これもスマホの躍進が大きく影響しているのです。そう考えるとビルゲイツって本当にスゴイ人ですね。

【2011 年】

　絶対に忘れることのない 2011 年 3 月 11 日。「東日本大震災」が起こってしまった年です。「この世の終わり？」と思ってしまう

ほど本当に怖かったです。

　震災で暗いムードのなか、ワールドカップドイツ大会で、日本女子代表が初優勝し「やまとなでしこ」魂を見たとマスコミが言い、「なでしこジャパン」と呼ばれるようになったのを覚えています。

　知っている人も多いかと思いますが、この大震災がきっかけでLINEが誕生したのです。今では若者を中心に、コミュニケーションに欠かせないツールになりましたね！

【2013年】

　東京メトロと都営地下鉄でインターネット接続が使用可能になった年です！

　今ではネット接続はどこでもあたりまえになりしたが、いやはや本当にインフラ環境が大きく変化しましたね！

　今では有料ですが、そのうちネット接続は完全無料になるかもし

CHAPTER02
WEB の歴史

れません。そして、この年に 2020 年「東京オリンピック」が決定しました！　個人的には滝川クリステルさんの「お・も・て・な・し」がとても印象に残っています。

【2014 年】

　そして記憶も鮮明な 2014 年！　さまざまなことがありましたね。「ＳＴＡＰ細胞はありま〜す！」で話題になった小保方さんの論文詐称問題。私は今でも個人的にＳＴＡＰ細胞はあると信じています。

　消費税も増税となり、庶民の負担はますます増加！　消費税など廃止して贅沢税に変更してほしいものです。記憶が新しいため、話題が尽きませんので、この辺にしておきたいと思います。

【2015 年】

　なんと！　渋谷区で初の同性カップル条例が成立された年です。これは歴史的快挙ですね。もし私が体は男、心は女だったら、本当に好きになる人は男性なんでしょうから最高に嬉しい出来事になったことでしょう（ちなみに私は、女性以外は恋愛対象ではございません）

【2016 年】

　よく理解もしていないまま、マイナンバー制度が導入開始され、バーコードで自分が認識されてしまうのか？　と本気で思っていた矢先、北朝鮮かミサイルを発射！
本気で第三次世界大戦がはじまると心配していた年でございます。

【2017年】

　どこぞこの国会議員が「このハゲー」と叫ぶニュースが流れるた
びに「俺のことか？」と勝手に勘違いしているうち、あっという間
に2018年になってしまいました。

【CHAPTER02のポイント】
時代の流れを知りながらWEB活用！　忙しい社長が自
分でできることから情報発信！

　進化を続けるインターネットの世界！　しかし、未来から見たら、
まだまだ発展途上であることに間違いありません。WEBを活用し
たビジネスはこれからも右肩上がりで成長していくことでしょう。

　現在、WEBを使ったマーケティングは、テクニックが先行しが
ちであると強く感じています。
　次から次へと新しい技術や手法が出てくるので、当然と言えば当
然ですが、個人的にはいくらテクニックを覚えても効果は発揮され
ないと思っております。

　本業が多忙な社長が、専門家でもついていくのがやっとのWEB
業界のノウハウを覚えるのは、至難の技です。
　難しいテクニックを覚えるよりも、全体の歴史から流れをつかん
でWEBと連携した情報発信を、できることから実践していくこと
がWEBマーケティング成功の近道と私は確信しています。

マーケティングとは？

CHAPTER03

そもそもマーケティングって何でしょうか。日本とアメリカの
マーケティング協会の定義を調べてみました。

日本のマーケティング協会の定義

　マーケティングとは、企業および他の組織がグローバルな視野に
立ち、顧客との相互理解を得ながら、公正な競争を通じておこなう
市場創造のための総合的活動である。

アメリカのマーケティング協会の定義

　マーケティングとは、顧客、依頼人、パートナー、社会全体にとっ
て価値のある提供物を創造・伝達・配達・交換するための活動であ
り、一連の制度、そしてプロセスである。

　まったくわからんです！

　Wikipediaによると……、マーケティングとは一般的な企業活動
のうち、商品・サービスそのものの企画・開発・設計やブランディ
ングから、市場調査・分析、価格設定、広告、宣伝、広報、販売促
進、流通、マーチャンダイジング、店舗・施設の設計、設置、営業、
集客、接客、顧客の情報管理などに至る広い範囲において、マーケ
ティングミックスの4Pや4Cの活動がおこなわれている。

マジでわからんです!!
なんとか理解しようとあれこれ調べたら、どうやらマーケティング
の定義や理論は時代とともに変遷し、進化しているようです。

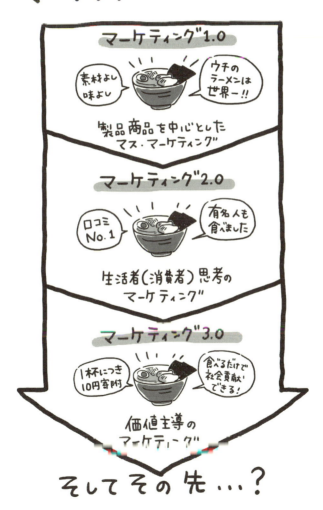

現在はグローバル化と IT 化が加速し、たんなる収益向上のための手段ではなく、企業や組織が世界を良くするための事業・活動を展開するための戦略に昇華している、とのこと。

　マーケティングとは、世界平和のための戦略だったのか？

　調べていると、どんどんわけがわからなくなりますので、わたくしなりに独断と偏見で「マーケティングとは？」をまとめると、笑顔で買ってもらうための全プロセス！
　こう考えるとシックリきたのでございます。

【CHAPTER03 のポイント】
マーケティングは笑顔で買ってもらうための
全プロセス！

CHAPTER03
マーケティングとは？

　あれやこれやといろんな定義を難しく語っている専門家が多いけど、私は専門書が本当に苦手です。なので、ざっくり『こんなイメージで良いのかな？』と思っております。

　一応これでも 15 年以上、業界の人間として企業の売上を上げるためのお手伝いを必死にお客様と実践し、「経験を得たつもり」ですので、大きく外れていないと思います。

　次の章は「WEB マーケティング」について触れたいと思いますが、WEB マーケティングは消費者に笑顔で買ってもらうための全プロセスを、WEB というツールを使って実現させることになります。

　笑顔で買っていただくために！

　この本の本題である WEB マーケティングについて触れていくのですが、おそらくいきなり「大きな壁」にぶつかることでしょう！

　その壁はカタカナやアルファベットが暗号のように並ぶ「専門用語」という壁でございます。完全に脳みそ停止状態となることでしょう！

「あ〜〜もう無理」「読む気がしない！」と……。

　餅は餅屋という言葉があるように、専門分野に特化した人が WEB マーケティングを実施したほうが良いのは当然だと思います。しかし、マーケティングを専門家に頼むにしても、完全に丸投げするよりも、何となくでも良いので「ふわ〜」と知っているだけでも結果は大きく変わってくるのです。

　貴社の素晴らしい商品・サービスを世に送り出すためにも、社

長が自ら WEB マーケティングを知ることで、専門家とともに WEB マーケティングについて考え、実行していくことが WEB マーケティングで結果を出す一番の近道だと私は強く感じています。食わず嫌いにならず、一緒に一歩ずつ進んでいきましょう！

WEB
マーケティングとは?
CHAPTER04

WEBマーケティングは、WEBを使って消費者に笑顔で買っても
らうための全プロセスとなります。すなわち「インターネットを介
しお客様と笑顔の関係をつくること」ですね！

対面が主流だったコミュニケーションが、インターネット上でど
んどんと広がっています。マーケティングのノウハウというより、
ビジネスの本質から考えていくとわかりやすいです。

単純にWEB上でおこなうマーケティング、というふうに覚えて
おいても問題はありませんが、成功させたいのであれば、もう一歩
踏み込んで理解することをオススメします。

WEBの最大の特徴は「双方向性」にあります。

CHAPTER04
WEBマーケティングとは？

一方通行...

WEB 上であれば、Facebook や Twitter などの SNS やブログなど
でユーザーと運営者側の間でコミュニケーションが非常に簡単に取
れるのでございます。

「SNS って？」「ブログってなんだ？」と意味がわからない場合で
も OK です。ここではスルーしてください。要は、WEB を使って
お客様と直接コミュニケーションを取ることができちゃうと思って
ください。

　これから忙しい合間を縫って、社長が自分で WEB マーケティン
グをおこなうということであれば、このような WEB ならではの特
徴を知っておくことが大切です。

　一方的な情報発信では得ることのできないこと。それは「顧客の
ニーズ」です。
　いち早くニーズをキャッチし、自社の商品、サービスを適切にア
プローチできるか！　そして、お客様と良好な関係をいかにスムー
ズに築けるか？

　これが WEB マーケティングにもっとも必要なポイントとなりま
す。

【CHAPTER04 のポイント】
WEB マーケティングはお客様と良好な関係をインター
ネット上で築けるかがカギ！

CHAPTER04
WEBマーケティングとは?

　WEBマーケティングは実店舗と違い、「実際にお客様と対面しての コミュニケーションをすることができない」というデメリットが あります。

　実店舗であればお客様がお店に入ってきたとき、その人の性別や、 年齢などの見た目と雰囲気で、あれこれ判断することができます。

　しかし、インターネット上ではそれらがまったくわかりませんの で、いかにしてお客様の要望を理解し、満足させられるかが成功の 鍵となります。

　経営者がなぜ起業をし会社をつくれるのか?
　きっかけはいろいろですが、最初はお金のためや自由のためとい う人が多いと思います。しかし、経営を実践しながら七転び八起き で成長し、大成功した経営者はみな世界平和のために貢献してくだ さっています。

　おおげさかもしれませんが、WEBマーケティングは世界平和の 第一歩なのでございます。

　会社規模の大小関係なく、すべての企業の経営者にとって、 WEBマーケティングは避けて通れないのです。

　WEBマーケティングをわにもうしどい、企業とお客様がたがいに コミュニケーションをインターネットを介しておこない、お客様の 欲求を満たし、笑顔になっていただけます。

41

インターネットの普及によって、お客さまの意見やニーズを簡単に聞き取れるという、企業にとっては、これ以上ないチャンスなのです！

　自社の売上を伸ばすため、そして、いつかは世界平和のために！

WEBマーケティング
の目的と目標

CHAPTER05

ここまでしっかりと読んでくださった方であれば、WEBマーケティングは何ぞやという意味は、ご理解いただけたと思います（何とな〜くのうる覚えで良いのです）。

　ここからがWEBマーケティング実践編です。
　専門用語が多くなってきますので、今のうちに顔を洗って目を覚ましておいてくださいませ。

WEBマーケティングをする目的は何ですか？

　・会社や商品、サービスの知名度をアップさせたい
　・オンラインショップで売上を上げたい
　・ホームページで告知して実店舗への誘導をしたい

　これはあくまでもほんの一例です。
　ほかにも目的はいろいろあるかと思います。まずWEBを活用して何をしたいのか？　目的をしっかりと決めておくことが重要です。WEB業界は歴史が浅く、まだまだ発展中なので、日々新しいツールが誕生します。

　そのため目的をしっかりと決めておかないと流行りに惑わされ、必要ないことまでお金と時間を割いて悪戦苦闘してしまう恐れがあるからです。
　目的を明確にすることで、実際にどのような施策をおこなう必要があるかが見えてきます。

CHAPTER05
WEBマーケティングと目的と目標

目的が決まったら目標を設定しよう！

　目的がはっきりしたら、目標を数値化し、より具体的にします。
　目標は、市場規模やこれまでの売上などから考えると良いと思います。
　今まで一度も経験がない人、すなわちどんぶり勘定で経営をしてきた社長さんには正直難しいかと思いますが、最初なので気にしないでください。
　どんぶり勘定で OK です。

　個人的には目標は大きければ大きいほど夢があって良いと本気で考えています。
　大切なことは目標に向かって PDCA を繰り返すことなのです！

CHAPTER05
WEBマーケティングと目的と目標

PDCAをまわしていこう!!

多くの企業は計画を立て、実行をして、評価をするところまではできるのですが、改善をしないのです。

と、偉そうなことを言っていますが、私自身も改善が抜けがちなので気を付けてくださいませ！

改善こそが WEB マーケティングでもっとも重視すべきポイントです。改善なくして良い結果は生まれません！

この PDCA サイクルをどれだけ高速回転させることができるかが成功の最短ルートと言えます。

【CHAPTER05 のポイント】
目的と目標を設定し、ひたすら PDCA を繰り返す
（できれば高速回転）

ホームページと実店舗
CHAPTER06

2005 年に、私が会社を立ち上げた頃、「ホームページは企業だけでなく、個人で持つ時代に突入した！」と感心していたのも束の間、たったの 10 年ちょっとでソーシャルメディアの時代になり、WEB を介したコミュニケーションが日常生活に深く深く関わる時代になりました。

　スマートフォンの普及も後押しし、2016 年のインターネット人口普及率はなんと 83.5％となっております。24 時間、スマホを肌身離さず持っている人も少なくありません（私もその中の一人です）。

　いやはや本当にビックリです。私がインターネットを始めた頃は、オタクと勘違いされるくらい珍しがられたのに、今では逆にインター ネットができない人のほうが少ないと思います。

　本当にすごいスピードで進化しています。人口の 80％を超える人がインターネットを利用しているのですから、当然マーケティング手法も日々変化しています。

　これからご説明するデータは、2005 ～ 2012 年までのマスメディアの「日本の広告費」を時系列にまとめたものです。

CHAPTER06
ホームページと実店舗

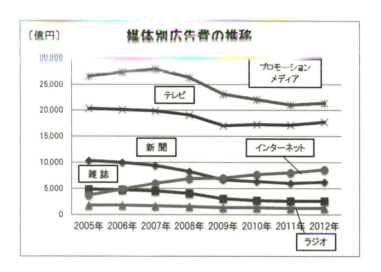

2012年の媒体別広告費(電通調べ)

	広告費(億円)	構成比(%)	前年比(%)
総広告費	58,913	100.0	103.2
マスコミ4媒体	27,796	47.2	102.9
新聞	6,242	10.6	104.2
雑誌	2,551	4.3	100.4
ラジオ	1,246	2.1	99.9
テレビ	17,757	30.2	103.0
衛星メディア関連広告費	1,013	1.7	113.7
インターネット広告費	8,680	14.7	107.7
媒体費	6,629	11.2	107.1
広告制作費	2,051	3.5	109.5
プロモーションメディア広告費	21,424	36.4	101.4
屋外	2,995	5.1	103.8
交通	1,975	3.4	103.9
折込	5,165	8.8	102.1
DM	3,908	6.7	101.3
フリーペーパー・フリーマガジン	2,367	4.0	92.8
POP	1,842	3.1	100.5
電話帳	514	0.9	88.2
展示・映像他	2,606	4.4	108.3

ご覧いただくと、いかにインターネットの成長がすごかったかがわかると思います。

　ちなみに 2012 年の広告費は、5 兆 8913 億円です。2005 年当時は、マス媒体（テレビ、ラジオ、新聞、雑誌）でラジオを抜き、3 位になったことで「スゴイぜ、マジ～！」と妖怪ウォッチ並に驚いていたのを覚えておりますが、2012 年にはテレビに次いで第 2 位になっています！

　なぜインターネットは、こんなにまで需要が高いのか？　簡単に説明すると以下の通りです。

１）情報を探している人にダイレクトに伝えることが可能！

２）実店舗がいらない

３）設備投資が最小限で済む

４）広告宣伝費が安い

５）世界中どこにいても良い／場所を選ばない

６）とても手軽である／導入しやすい

７）情報収集がしやすい

８）レアな商品を購入できる

　WEB プロモーションの成長の鍵となったのが「検索連動型広告」（PPC 広告）の誕生です。

　この広告のおかげで、中小企業が戦略的にインターネット広告出稿ができるようになりました。また、オークションやショッピングモールを利用して、売上をアップさせている企業も増えました。

CHAPTER06
ホームページと実店舗

　インターネットはとっつきにくいイメージがありますが、面倒がらずにコツコツと活用すれば、「大成功」できる可能性があるわけです。

　とは言っても、「うちにはそんなに売れる商品はないし、コツコツとマメなタイプじゃないから無理だよ！」とおっしゃる方もいるでしょうし、「競合が多くて、ネットで販売してもどうせ無理だよ！」と思う方もいるでしょう！

　それでもあきらめてはいけません！！
商品が売れる仕組みは、インターネットも実店舗も考え方は同じです。

インターネットも実店舗も考え方は同じ

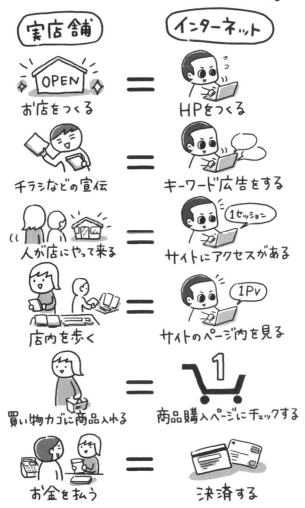

CHAPTER06
ホームページと実店舗

これは商品が売れる場合の仕組みですね。

では、実際に人が来ても売れなかったときというのは、どんなときでしょうか。

1）ほしい商品がなかった

2）ほしい商品が見つからなかった

3）ほしい商品はあったが値段が高かった

4）ほしい商品はあったが、他のお店も見たいので今は買わない

5）ほしい商品はあったが、色や種類が違った

6）暇つぶし

7）競合他社の調査員？

上記のようなユーザーの心理をあらかじめわかっていれば売れないわけがないのです。コンビニエンスストアを想像してみてください。

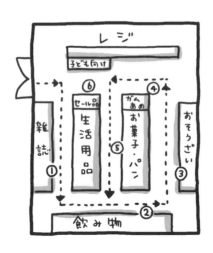

CHAPTER06
ホームページと実店舗

　私も詳しくは知りませんが、かなりユーザー導線を考えて店舗を設計したんだなぁ！っていつもお店に入るたびに思います。お客様の多くは入り口から矢印の方向に進むのですね。

　これが「導線」です。

　人間の習性に合わせて、それぞれ商品が陳列されているのです。さらにレジまわりには「ついで商品」がずら～と並んでいます。それと、棚の下のほうには子どもがほしがる玩具がたくさんあります。さらにさらに、レジの上にはガムやチョコ、アメなどが！！！

　これが売上をアップする巧妙に仕組まれた戦略なのです。

【CHAPTER06 のポイント】
WEB サイトも実店舗も考え方は一緒！導線をしっかり整備！！

ホームページなどインターネット上の店舗もこれとまったく同じ
なのです。WEB を使って売上をあげるためには、PR とマッチング
した WEB サイトの導線がシッカリ整備されていることが大切なの
です。

　ホームページにかなり投資をし、インターネットで広告を実施し
てもなかなか集客や売り上げにつながらない理由は、導線の整備不
足が原因だったのです。

　後の章で出てきますが、検索広告とランディングページをうまく
活用することですべてが解決できます。こうご期待！！！

WEB
サイトの導線設計
CHAPTER07

WEB プロモーションを実施してもなかなか結果が出ないのは、実施したプロモーションと WEB サイトのマッチング度が低いため、と Chapter06 でお伝えしましたが、今回は WEB サイトのマッチング度を高くするためのサイトの目的と導線設計について学んでいきましょう！

「導線」と「動線」

　一般的に WEB サイトの制作、設計で使う " どうせん " は「導線」を使います。

　WEB マーケティング業界では、この「導線」って言葉がメチャクチャ使われることが多いので必ず覚えておいてください。

　私の場合はもともと建築業界にいたので、この導線って言葉を聞くと住空間での導線を連想してしまうのですが、WEB サイトも家も、意味合いは一緒なので覚えやすかったです！

　そして、設計により完成した WEB サイトに訪れた実際のユーザーの動きを「動線」と定義しています。

　実際に動いた線というわけですね！　この動線を知るためのツールなどもありますので、設計で想定した導線と実際の動線がどの程度マッチングしていたかを分析しながら改善を繰り返し、ユーザビリティを高め、プロモーション効果をアップするのですね！

　なんだかとても難しそうですが、そんなことはないのでご安心ください。重要なのは決めつけを排除し、ユーザー動線をしっかりと知って、改善を繰り返すこと！　これに尽きます。

CHAPTER07
WEBサイトの導線設計

サイトのゴール（達成点）に沿った動線がなされていれば良い導線となり、沿っていなければダメな導線となるわけです。

たとえば、EC サイトならカートに誘導し商品を購入してもらうことがゴールに！

プロモーションサイトであれば新商品の認知が目的なので、どれだけリーチ（露出）したかになるため、アクセス数がゴールになります。

見込み客を集めたいなら、資料請求やメールアドレス収集がゴールになり、新入社員を集めたいならリクルート応募がゴールになります。

このようにサイトの目的によってゴールはそれぞれ異なりますので、ゴールに合わせて導線設計もすべて変わってくるのです。
どのようにすれば良いかは先ほど述べた通り、仮説を立てて導線設計し、実際の訪問ユーザーの動線を見ながら改善を繰り返し、完成度を高めていくしかありません！

手間はかかりますが、導線設計とはユーザーの動線を知ることで精度が高まり、100 点に近づくため、最初は 50 点、60 点くらいを目指すことが大切です。

サイトのゴール（達成点）の例

CHAPTER07
WEBサイトの導線設計

WEB リィトの目的と種類

　動線設計をするうえで、WEB サイトの目的と種類を知っておく
ことが大切です。ここで紹介しているものはあくまでも一例となり
ますので、必ずしも分類はコレ！　と限定されるものではありませ
んのでご注意ください。

　たとえば、企業によってはブランディングサイトと EC サイトと
コーポレートサイトが合体していたり、EC サイトがカテゴリ別に
すべて独立したサイトに分割されていたりしますので……。

　重要なことは、クライアントの要望にシッカリと耳を傾け、固定
概念に囚われず、その要望に応えるべき柔軟なサイト設計を心がけ
ることですね！

目的	種類
ブランドイメージを向上させたい	コーポレートサイト
商品やサービスの認知度を向上させたい	プロモーションサイト
他社との差別化を図りたい	ブランディングサイト
商品やサービスの売り上げを伸ばしたい	ECサイト
来店客を増やしたい	店舗サイト
新入社員を獲得したい	リクルートサイト
広告収入を得たい	情報サイト（ブログ，SNS）ポータルサイト
サービスや情報を提供したい	情報サイト（ブログ，SNS）
お客様に親近感を感じてもらいたい	SNS、ブログ、コラム、メルマガサイト
お客様コミュニケーションがとりたい	SNS
作品集・業績を公開したい	ポートフォリオサイト
お問い合わせ数を減らしたい	サポートサイト

　WEBサイトで成功する秘訣は、テーマ（目的）をより細分化させ明確にすることです。わかりやすく言えば、コンビニエンスストアは×で、ある分野に特化した専門店が◎となります。

　テーマを明確にしないままWEBサイトの動線設計、サイト構築をおこなってしまうと、どんなにお金をかけてキレイでカッコいいサイトを作っても、宝の持ち腐れになってしまうので注意したいですね！

CHAPTER07
WEBサイトの導線設計

私が実際にサポートしている企業のなかにも、明確に目的を持っていたとしてもうまく目的を伝えられない方もいます。また、プロに任せておけば安心！　と完全に「お任せモード」に突入してしまう方もいます。

　目的に沿った良いサイトを作るためにもっとも重要なことは「話をすること」です。

　無駄と思えるかもしれませんが、どれだけお客様と向き合って話ができたかが重要です。
　効率ばかりを求め、システムチックに仕事をしてしまう傾向がウェブ業界にはあるため、「人と人のコミュニケーション＝アナログチック」に仕事することが、何気に成功へのもっとも近道かもしれません。

【CHAPTER07 のポイント】
目的に沿った WEB サイトを運営しユーザーの動線を実際に見ながら改善する

PPC広告と
リスティング広告
CHAPTER08

目的に沿ってテーマを決めて WEB サイトを作成したら、絶対に欠かすことのできないプロセスが、検索エンジンを活用したサイトへの誘導手段です。

　検索エンジンからの誘導方法として SEO といって、インターネット広告を実施しないで検索結果の上位に掲載させる方法がありますが、正直に言って、私はこの SEO が一番無駄な手法だと思っております。ただし、広告のできない業種を除きます。

　SEO とは「そのページ（情報）に価値」があって、初めて成立するものだからです。いわゆる「○○と言えばこれだ！」といった具合に、キーワードに沿ったブランドがしっかり構築された WEB ページが長年の実績を積み上げ、初めて得られるものなのです。

　それをオギャーと誕生した赤ちゃんページが、小手先のテクニックで手っ取り早くお金を掛けずに上位を得ようなど言語道断なのです。

　まあ、本質を知れば、もっともランニングコストがかかるものが SEO だったりするのですが、まだまだ勘違いしている方が多いので、あえて最初に厳しいことを言わせていただきました。

　というわけで、SEO にお金をかけるくらいなら、もっとも安く効率よく目的のページへ誘導する手段としておすすめなのが検索結果の上位に広告を掲載できる PPC 広告、またはリスティング広告です。

CHAPTER08
PPC 広告とリスティング広告

　PPC 広告は、Pay Per Click（ペイ・パー・クリック）広告の頭文字を取って、PPC と呼ばれています。この業界は、なんでもかんでもアルファベット 3 文字熟語にしたがります。というか、業界問わず日本人が好む命名方法ですね！

　PPC 広告で代表される広告はご存じかとは思いますが、「Yahoo! プロモーション広告」と「Google 広告」です。

　他にも広告媒体はたくさんありますが一切実施しなくても良いです。広告資金があり余るほどあるなら別ですが、この広告のオプション機能を使えば、ほぼネット広告はすべて網羅できると思ってくださって結構です。

　この広告のもっともメジャーで優れていることは、Yahoo! と Google で検索したキーワードの検索結果の上位にテキスト型の広告が表示されるため、ものすごく高い費用対効果を期待できることです。

　最近では、機能がどんどん進化し Google の場合は、ショッピングに関連するキーワードと連携した商品リスト広告（枠で囲った部分）など、PPC 広告の幅はどんどん広がっています。

　さらには、過去に検索したユーザーに限ってバナーを表示させたり、興味関心、年齢、性別、地域などなど、細かくセグメントし広告掲載ができるため、PPC 広告は検索に特化した広告の枠を超えてしまっていると私は思います。

YAHOO!とGoogleの広告掲載位置

YAHOO!の場合...

広告掲載位置

Googleの場合...

広告掲載位置

CHAPTER08
PPC広告とリスティング広告

　再度言いますが、Yahoo! と Google の PPC 広告をしっかりと運用できれば、他の広告は導入しなくても大丈夫と、私は本気で思っております。それくらい「Yahoo! プロモーション広告」と「Google 広告」は、WEB マーケティングに欠かすことのできない重要なツールなのでございます。

　広告を効率良く運用するためにも、基本となる用語をしっかりと知っておく必要があります。次章では、広告用語を中心に専門的な用語のオンパレードになりますが頑張ってください！

【CHAPTER08 のポイント】

WEB 広告は Yahoo! プロモーション広告と Google 広告だけで大丈夫！

71

知っておきたい
18のネット広告用語
CHAPTER09

小さな会社がインターネットをフル活用して、売上を上げるために絶対に欠かすことのできないものが、検索エンジンからの誘導です。SEO（検索エンジン最適化）にお金をかけて実施し、特定のキーワードで１位を確保できたとしても、効果はあまり期待できません。

　情報を欲しているユーザーがどんなキーワードで検索をしているのか？　検索をした際にどんな情報を欲しているのか？　検索をするであろう「キーワード」と情報を欲している「紹介文」の良し悪しで反響は大きく変化します。

　広告代理店などのプロに任せるのも良いですが、基本となる用語を知っていないと正直「損」をすることが多いです（ここではあまり言えませんが……）。
　大切な資金をドブに捨てないためにも！　経営者自らが基本となるインターネット広告用語を「なんとな〜く」でも良いので把握しておくことがＷＥＢマーケティングを成功に導くための大きなポイントとなります。

　紹介する用語は全部で 18 語です。
　食わず嫌いにならずに眠くならないよう頑張ってください！

01 ／ 18：インプレション数（IMP 数）

　広告が表示された回数のことを言います。広告表示回数とも呼ばれています。広告代理店の担当者によっては、この数値をアピールし「お客さま！　インプレッション数がこんなにたくさんござい

した。たくさんの反響があって良かったですね！」と言います。

　どんなに広告が表示されたとしても、あなたのサイトにアクセスしてもらわなければ何の意味もありません（看板型、ブランド型の広告を除く）。特に検索誘導型の広告は「クリックされてなんぼ」です。

　広告代理店営業マンの口車に乗らないよう十分に気を付けてくださいね！　と言っている私も広告代理店営業マン出身だったりしますが……。

02 ／ 18：CTR（クリック率）

　いきなりアルファベット3文字熟語的なわけのわからん専門用語が出てきてしまいました！　というよりほとんどがこの3文字専門用語だったりするのでアレルギー症状が出ないよう、できる限りわかりやすくご説明しますので、どうか最後までお付き合いくださいませ！

　さて、CTRとはClick Through Rate（クリック・スルー・レート）の略です。どこぞの自動車メーカーのGTRとは違いますのでご注意を！

　先ほど学んだインプレッション（広告表示回数）に対して、マウスをポチッとクリックされた割合のことを言います。たとえば、広告のインプレッション数が1,000回でそのうち10回クリックされた場合はCTRは1.0％となります。

計算式　10 回÷ 1,000 回 =0.01（1.0％）
CTR は○○％（パーセント）で評価します。

　数値は高ければ高いほど効果が出たことになりますが、CTR が
100％ということはまずありえないです。もしあったら、ちょっと
怖いか作為的な誘導なので注意が必要です。私の経験上、検索エン
ジンからの CTR が 5％以上あれば合格です。平均値 5％が目安とな
りますので、広告運用の際に参考にしてください。

03 ／ 18：CPC（クリック単価）

　Cost Per Click（コスト・パー・クリック）の略で、広告 1 回のクリッ
クに対して支払う広告費の平均単価のことを言います。たとえば、
広告費を 10 万円使って広告がクリックされた回数が 1,000 回だっ
た場合の CPC は 100 円となります。

計算式　100,000 円÷ 1,000 回 =100 円

04 ／ 18：CPM

　Cost Per Mille（コスト・パー・ミル）の略で、広告表示 1,000
回あたりの料金を言います。ちなみに、CPM の M（ミル）は、ラ
テン語で 1,000 を意味する「mille」から来ているため、英単語の
略ではありません。もちろん日本語の「見る」でもありません。

76

CHAPTER09
知っておきたい18のネット広告用語

05 ／ 10：CV（コンバージョン）

Conversion の略で広告をクリックしたユーザーが、商品やサービスの購入、資料請求、メルマガ登録、会員登録など、広告主が予め成果として設定した目標件数のことを言います。

06 ／ 18：CVR（コンバージョンレート）

Conversion Rate の略でコンバージョン数をクリックで割った数字を言います。たとえば、コンバージョン数が 100 件あってクリック数が 1,000 回だった場合は CVR は 10％となります。

計算式　100 ÷ 1,000 回 =0.10（10％）

07 ／ 18：CPA（コンバージョン単価）

Cost Per Acquisition（コスト・パー・アクション）の略で、CV（コンバージョン）達成 1 件あたりの広告費のことを言います。たとえば、広告費が 10 万円で CV 数が 10 件だった場合は CPA は 1 万円となります。

計算式　100,000 円 ÷ 10 件 =10,000 円

08 ／ 18：ROAS（広告投資対効果）

Return On Advertising Spend の略で、売上を広告費用で割ったものを言います。かかった広告費に対して何倍の売上を得ることができたかを表すもので、この数値が高ければ高いほど、広告

効果を発揮したことになります。

　たとえば 10 万円の広告費を使って 100 万円の売上があった場合は ROAS は 10％となります。よって投資対効果が悪い場合、ROAS は 100％を上回る数値になるわけです。

計算式　1,000,000 円÷ 100,000 円× 100％ =10％

09 ／ 18：ROI（投資収益率）

　Return On Investment の略で投資した広告費用に対して得られる利益の割合のことを言います。たとえば利益が 100 万円、広告費用が 50 万円だった場合は、ROI は 200％となります。よって投資収益率が悪い＝利益が出ない場合は 100％以下になるわけです。

計算式　1,000,000 円÷ 500,000 円× 100％ =200％

10 ／ 18：KPI

　Key Performance Indicator の略で「重要経営指標」や「重要業績指標」と呼ばれています。KPI 設定を何にするかは、ビジネスの内容や目的によって異なります。ウェブマーケティングの場合は CV、CPA、ROAS などに設定する場合が多いです。

11 ／ 18：LPO

　Landing Page Optimization（ランディングページ最適化）の略で、

PPC広告のリンク先ページに設定し、訪れたユーザーに内容をわかりやすく伝え、UV（コンバージョン）を高めるための手段となります。複数のランディングページを用意し、どの広告リンクの効果が高いかを測定したりします。

12／18：SEO

Search Engine Optimization（検索エンジン最適化）の略で、検索結果ページの上位表示を目指す対策のことを言います。WEBサイトのソース（HTML）を最適化する「内部対策」と、被リンクなどを増やす「外部対策」の2つの手法があります。

13／18：SEM

Search Engine Marketing（検索エンジンマーケティング）の略で、WEBマーケティングにおける「検索エンジン」からの集客に特化したものを言います。LPO＋SEO（検索エンジン最適化）を組み合わせることで効果をより発揮します。

14／18：キャンペーン

PPC広告管理をしやすくするための単位のことを言います。キャンペーンは1つ以上の広告グループによって構成されていて、各キャンペーンごとに予算、期間、地域、広告文、リンク先などの細かい設定ができます。

15 ／ 18：広告グループ

PPC 広告の「キャンペーン」の下層の広告管理単位となります。広告グループの構成を工夫することで、その広告に興味を持ちそうなユーザーに広告を表示することができます。

16 ／ 18：品質スコア

広告、キーワード、リンク先ページの品質を表す指標となります。品質スコアは、キーワードがユーザーの検索語句と一致するたびに計算され、10 段階評価として表示されます。

広告とリンク先ページがユーザーと高い関連性を持つほど品質スコアが高くなり、広告ランクの品質コンポーネントが高いほど、より安い費用で上位に広告を掲載できるなど、有利になります。

17 ／ 18：行動ターゲティング

ユーザーの行動をもとに広告を絞り込んで配信できる画期的な機能となります。ユーザーが閲覧中のページ内容や過去の閲覧履歴、直近の検索キーワードなどと、登録したキーワードや広告、Web サイトが関連した場合に広告を表示することができます。

18 ／ 18：地域ターゲティング

特定の地域からアクセスしているユーザーや、その地域に興味・関心を持つユーザーに限定して広告を配信する機能となります。関

東、近畿などの地方ごとの設定、東京都、大阪府などの都道府県ごとの設定などに絞って広告配信することが可能です。

　お疲れさまでした。英数字３文字熟語ばかりで「何が何やら？」だと思いますが、何度も何度も繰り返しているうちに自然と理解できると思います。

　全部忘れてしまっても、今はインターネットで検索すればすぐに情報が出てくるので、用語の名前だけでも覚えるのは良いかもしれませんね！

【CHAPTER09 のポイント】

広告用語は似たような３文字熟語ばかりなので忘れたらその都度検索！

ペルソナ設定
CHAPTER10

ペルソナって言葉を聞いたことはありますか？

もちろん私はあります！「ゲームのタイトルですよね！！！」。有名なロールプレイングゲーム（RPG）なのでゲーム好きな方であれば知っていますよね！

え？

マーケティングでいうペルソナはまったく意味が違う？

大変失礼いたしました……。

さて、ゲームの「ペルソナ」の説明をしても、ここでは意味がないので WEB マーケティングをおこなううえでの「ペルソナ」について簡単に説明したいと思います。

ペルソナとは「取り扱う商品やサービスをどんな人に売りたいのか？」を指します。

私は戦争用語があまり好きではありませんが、「ターゲットを設定すること」と言い換えるとわかりやすいかと思います。

でも、このままでは売る側の視点のままになってしまうため、商品やサービスは売れにくくなります。なので、顧客側になりきって考えることがペルソナのポイントとなります。

商品を購入するであろうユーザーになりきって、どんな理由でその商品、サービスを購入するのかをあれこれ考えることなのです。

ペルソナは、WEB マーケティングをおこなううえで絶対に必要な要素であります。

CHAPTER10
ペルソナ設定

というわけで、ペルソナ設定をしてみましょう！
参考までにペルソナを設定するための項目をピックアップしてみ
ました。

項目例)
年齢　性別　住まい　業種　役職　学歴　年収　趣味(興味関心)
生活スタイル（起床時間、通勤時間、勤務時間、就寝時間）
家族構成　人間関係　インターネット利用頻度、時間

など、他にもあるかと思いますので、興味のある方は検索して調
べてみてください。たくさんの設定の種類が出てくると思います。

ペルソナの設定は絶対の正解はありません。設定をする意味は、
あなたの気づきとなるからです。設定をして、たとえそれが大きく
間違っていたと思っても大丈夫なのです。

「失敗した！」と感じ、改善することこそが大切な行動であり、成
功への近道となるのです。とにかく、最初は予想、想像をしながら
楽しく設定し、気づきと改善をいかに早く回転させるかが勝負です。

一番ダメなパターンは、意地になって無意味なウェブ・マーケティ
ングをやり続けてしまうことです。私も含め、社長気質を持った方
には多くみられる傾向があるので、客観的に判断し改善するよう心
掛けたいですね。

さて、とりあえず楽しく自分で決めたペルソナ設定に沿って、

WEB マーケティングをおこなうために WEB の原稿を作る必要があります。

　ここで、詳しく説明すると本が一冊かけてしまうくらいになってしまうので要約したポイントのみご説明させていただきます。

原稿を作る際に注意すべき３つのポイント

・ボリューム満載！　内容の詰め込み過ぎの百貨店状態
　にしないこと！

・「売り売り」の主観的な押し売りにならないこと！

・設計図を作らないままそこはかとなく書かないこと！

　WEB サイトは売上げに直結する重要なツールとなります。特に初回接触が多いため、初対面の人にできる限りの情報を与えようとしていまい、一生懸命になってしまいがち !!

　多くの企業でみられる失敗例です。

　なんとか頑張って伝えたいことを簡潔に絞ったとしましょう。そうなると、今度は少ない情報でよりインパクトを与えて注意をひきたい思いが強くなり、「売り売り」になってしまうのです。

　あまりアピールされると、受け手は引いてしまいますよね。十分に気を付けたいところです。

　一番問題なのはそういったことをまったく考えず、ストーリーもターゲットも内容もテーマもすべて無視して、言いたいことを適当に書いてしまうケースです。こうなると後で情報の収集がつかなく

CHAPTER10
ペルソナ設定

なり、気がつくと何を伝えたいのかまったく理解不能な原稿が完成してしまいます。

このようにならないためにも「ペルソナ」をよく考え、誰に向けたメッセージなのかを常に意識しながら相手の身になって考えることが重要です。

ペルソナを設定するメリットとして有効なのは、提供側の視点ではなく、顧客視点で考えることです。経営者が「これなら絶対に売れるはず！」「買うはず！」という思い込みが軽減されるのです。

さらに WEB というツールが、ペルソナに大いに役立つ理由として言えることは、顧客の価値観の多様化に対応するためのコンテンツが WEB を活用することで提供できるのです。

売る側の視点で「買って、買って〜」の PR ではなく、買う側の視点になって考えること！
すなわち「相手の立場に立って何かを考える」ということは WEB マーケティングをおこなうためのペルソナに限らず、人間関係を築くうえでもとても大切なことなので、WEB マーケティングに限らずに 24 時間 365 日年中無休で常に意識しながら生活すると良いかもしれません。

今の、私にもっとも必要な部分です……（反省）

CHAPTER10
ペルソナ設定

多くの顧客よりもたった一人の顧客になりきることが成功のカギ！

　WEB マーケティングをおこなうときに勘違いしてしまうこと。それは売りたい意識が強くなり、ニッチより王道を考えた顧客をターゲットにし、ペルソナ設定してしまうことです。

　一般的には、どんなもの（こと）が好まれるかな？
　どのようなＰＲをすれば、より多くの人に買ってもらえるかな？
　やっぱり安い目玉商品を軸にして、プロモーションしていこうかな？

　大手企業のようにプロモーション費が鬼のようにあるのであれば良いですけど、残念ですが小さな会社にはとても真似できませんし、勝負しても圧倒的な大差で負けること必至です。

　多くのユーザーに受け入れられるような、大手のようなありきたりのＰＲではなく、ごく少数のユーザーのためにＰＲしてみると、想像もしていないような結果が出るケースもあります。

　人間に置き換えて考えてみるとシックリきます。
　不特定多数の大勢の人に好かれようと努力すればするほど、八方美人になってしまいます。決して悪いことではありませんが、キャラクターが立たないため、結果として印象に残りにくくなるため選んでもらえなくなります。

89

CHAPTER10
ペルソナ設定

それとは逆に、ごく少数でも良いので「○○な人と言えばこの人！」というくらいに好かれれば、キャラも確立でき、印象に残り、選んでもらえることが多くなります。

「オールマイティー」な八方美人的PRをするよりも、「誰かのためだけの」オンリーワンPRをすることが、WEBを使ったマーケティングでは効果が出やすいのですね！

ペルソナ設定は具体的な「相手一人」に絞るとわかりやすい！

なぜ、たった1人のためだけのプロモーションをしたほうが良い結果になりやすいのか？
実際、恋愛にたとえるとわかりやすいです。

「誰にでも好かれる」人よりも「あなたにとっての理想の人」は、きっとあなたが望む理想の相手の性格、容姿ですよね！　では、あなたの理想とする人は、実際にあなた一人だけが好む相手なのでしょうか？

きっとあなたと同じように、その人を好きになる人は世界中にはたくさんいるはず！　「こんな人を好きになるのは自分しかいない」というのは、勝手なあなたの思い込みなのです。恋愛だけでなく、趣味や趣向、そして抱えている悩みも同じです。
ペルソナ設定において、「普通」とか「一般的」などの売り手の安心思考は絶対にNGなのです。

91

これはあくまで余談ですが、私はペルソナ設定をするときは、常にリアルな相手があって初めて成立させています。モニターになってもらうのです。相手が望むことを形にすることで同じような要望を持ったお客様が集まってくるのです。

　ペルソナって難しいようですが、「リアルの相手」を設定してしまえば意外と簡単ですよ！

【CHAPTER10 のポイント】
ペルソナ設定は相手を一人に絞って提供した商品・サービスであればあるほど効果的！　結果としてニーズのある商品になりやすい。

4Pと4C

CHAPTER11

WEBマーケティングで知っておきたい「４P」と「４C」について学んでいきましょう！

４Pをわかりやすく文章にすると「どんな商品を、いくらで、どこで、どのように売るか？」となります。

この４つの「P」はあくまでもモノを売る側の視点となります。また、この４つの「P」はそれぞれが独立して成り立っているのではなく、各「P」が他の「３P」に影響を与える特徴を持っています。

たとえば栃木の特産品「かんぴょう」を売る場合、以下のパターンが考えられます。

・栃木の特産品「かんぴょう」を１袋500円でWEB通販でEC販売する
・栃木の特産品「かんぴょう」を１袋1,000円でアンテナショップで市場販売する
・栃木の特産品「かんぴょう」を１袋2,000円で新幹線の電車で移動販売する
・栃木の特産品「かんぴょう」を１袋3,000円で大手百貨店で販売員にて手売販売する。

という感じで中身がまったく同じ商品「かんぴょう」であったとしても、他の3Pの設定次第でマーケティング方法が変わります。同じ商品であっても、販売価格や販売する場所、販売方法を工夫することで売れ方は変化するのですね！

CHAPTER11
4Pと4C

マーケティングの4P

Product = 商品サービス（何を売る？）

例：栃木の名産 かんぴょう！

Price = 価格（いくらで売る？）

500円？ 3000円？

Place = 流通（どこで売る？）

店舗？ 新幹線？ Web？ その他

Promotion = 販促（どのように売る？）

実演販売　オンライン販売　売り場販売

WEBを使ったマーケティングの場合は、販促方法と販売場所がインターネット上にておこなわれることになりますので、商品と価格設定によって、サイトの構築方法、インターネット広告などの販促方法が変化するとお考えいただくとわかりやすいと思います。

価格を下げれば広告費やWEBサイトの制作にかけられるコストが減るので、広告費を抑え、無料で可能なPRが主流になる感じです。

以上が４Pについての説明となりますが、どんなに4Pの精度を高めたとしても、その商品やサービスに市場がなければ、売ることはできません……。

マーケティングの4Pを設定する際には「市場があるか？」「市場における自社の商品やサービスはどこか？」をしっかりと把握する必要があります。そのためには売り手側の視点だけでなく、買い手側の視点「４C」を知る必要があります。

CHAPTER11
4Pと4C

１）消費者のニーズ⇒ Consumer（コンシューマー）

その製品・サービスが顧客にとって、どんな価値をもたらすかを考えることが重要です。「４Ｐ」のいかにして売るかとはまったく逆で、あくまでもその商品を買う人の価値（ニーズ）となりますね。

・買った人がその商品を得ることでどのように楽しくなるのか？
・買った人がどのように満足するのか？
・買った人がどのように癒されるのか？
・買った人がそれぞれ「どんな価値」を得られるのか？

２）顧客の負担⇒ Customer cost（コンシューマーコスト）

これは商品の価値を、買う側がどこまでコスト負担できるかを考えることとなります。４Ｐのいくらで売りたいかではなく、この商品を「いくらなら買うのか」という視点で考えるのが、４Ｃのコンシューマーコストとなります。

３）コミュニケーション⇒ Communication（コミュニケーション）

売る側のメッセージが正確に買う側に届いているか？　逆に、買う側のメッセージが正確に売る側に届いているか？　双方向のコミュニケーションを円滑に取れる仕組みを構築しようというものです。

４）入手の容易性⇒ Convenience（コンビニエンス）

最後に利便性です。顧客の求めるものがいかに簡単に便利に手に入るかという点ですね！　Amazon はボタンを「ポチッ」と押せば、次の日には届くため、個人的にかなり利用しています。

CHAPTER11
4Pと4C

以上「４Ｐ」と「４Ｃ」について説明させていただきましたが、これら４Ｐと４Ｃは、両方の観点からしっかりと考えていくことが大切です。売る側と買う側は基本「対」になるため、どちらかに偏ったマーケティングにならないよう注意が必要です。

【CHAPTER11 のポイント】
4P と 4C は売る側、買う側で必ず対になるのでバランスを見ながら設定する。

売れる
ランディングページ
CHAPTER12

WEB マーケティングで欠かせないものは、もちろんホームページです。必要不可欠であるからこそ、企業はホームページを使って、自社の商品やサービスを伝えたいためにどうしてもテーマが分散した「百貨店型の WEB サイト」になってしまいます。

WEB はテーマ（キーワード）が絞られていればいるほど価値があります。検索したユーザーは、検索したキーワードに関する情報のみを求めているためです。

なのに検索するユーザーとはまったく対照的に、訪れたユーザーに「あれもやこれやと」情報を詰め込んだウェブサイトを作ってしまうため、特に初めて訪れたユーザーはページ上で迷子になってしまうケースも！

迷子になったユーザーはそのページから離脱し、再度「検索」し、別のページへと逃げてしまうのです。広告費を支払ってせっかく誘導したユーザーを逃してしまうことのないよう、WEB マーケティングで検索広告（PPC 広告）を実施する場合には、ランディングページ（LP）を使用すると効果を発揮しやすくなります。

CHAPTER12
売れるランディングページ

ランディングページ（LP）の基本構成

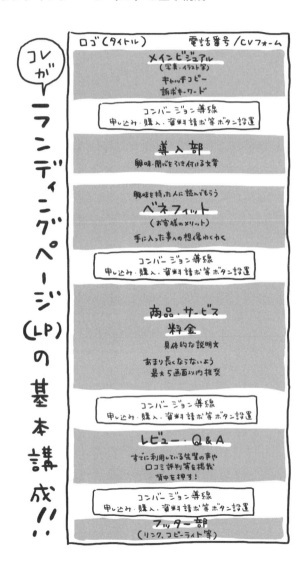

CHAPTER12
売れるランディングページ

　広告をクリックし、アクセスしたページの先頭部分に、メインビジュアルが目に入ります。

　このメインビジュアルがLPを使ったマーケティング成功の最大のカギとなります。

　実はある専門家の話によると、LPは「たったの1秒」で判断されると言われているのです（個人的には3秒と思っています）。

　特に女性は敏感らしく、女性層に訴求したい場合は1秒でいかに「このサイトをジックリ読んでみよう！」と直観で感じてもらえるかが、最大のポイントとなります。

　これ、嘘のような本当の話なのです。

（1）ファーストビューのメインビジュアル部分が決め手となる！

　ランディングページは写真（イラスト）の見せ方、キャッチコピー、訴求キーワードでほぼ100％が決まると私は感じています。なので、もっとも力を入れなければならない部分であることを忘れないでいただきたいと思います。

（2）導入部は「興味・関心」を惹きつける文章に！

　人を惹きつけ、人を動かす言葉（文章）をこの導入部に設置することで効果は飛躍的にアップします。キャッチコピーと連携した文章が推奨されます。

105

（3）興味を持った人に読んでもらうベネフィットは３つにまとめる！

お客様の買いたい理由をうまく誘導できれば大成功ですが、非常に難しい部分でもあります。私の経験上、ベネフィットという言葉は定義があいまいで、わかりやすく言葉にするなら「商品、サービスを購入しようとしているお客様が、その商品サービスを手に入れたとき（利用した状況）を想像させてあげること」だと思っています。

よって、わかりやすく「３つのポイント」のように箇条書きにすると、反響を得やすくなります。

（4）商品・サービス・料金部分はページが長くならないように！

１〜３で興味をもってくれたユーザーは、しっかりとこの項目を見てくれると思いますので、ここは気にせず自由で良いかと思いますが、あまり欲張って内容を詰め込んでしまうと、ページが長くなりすぎてしまい、途中で離脱されてしまいます。

要点を絞って２〜３画面程度に収まる程度を推奨いたします。

（5）レビュー・QA は背中を押す役割！

レビューや QA 部分は、（4）まで読んでも不安を抱いているユーザーに対して背中を押す意味を持っています。不安要素をなくすレビューや QA をチョイスすると良いですね。

以上を踏まえランディングページを作ると「売れるランディングページ」のたたき台が完成となります。

CHAPTER12
売れるランディングページ

あとは広告を実施し、PDCA を繰り返しながら、ページを改善することで徐々に売れるランディングページが構築されます。

　よって、「作ったら終わり」と思ってしまい、デザイン重視、見た目重視の凝ったランディングページを業者に依頼し、改善作業にコストがからないよう注意が必要です。

【CHAPTER12 のポイント】

売れるランディングページはテーマに沿って構築し PDCA でレベルアップ！

恐竜のしっぽ作戦!!

CHAPTER13

漫画や小説ではないため、後半戦にもなると読むのもかなり疲れてきた頃だと思いますので、ここでいきなり「恐竜のしっぽ作戦」を開始させていただきます！

　恐竜のしっぽ作戦とは！
　恐竜のしっぽ作戦など存在しません。正式にはロングテールと言います（面白い例えが何一つできずに大変申し訳ございません……）。

　見た目がゴジラのシッポに見えたので、「恐竜のしっぽ作戦」と勝手に命名させていただきました。もしも！　気に入ってくださったら著作権はありませんので、どんどん広めてくださいませ（相手に伝わるかは保証しませんけど）。

　ロングテールとは、ひとつひとつの商品の売上は少なくても商品数の取り揃え量が多いことにより、大きな売上に貢献できることを「長いしっぽのような図に見える」（恐竜のしっぽのように見える）ことから、このようなマーケティングを「ロングテールの法則」「ロングテール戦略」と専門家は呼んでいます。
　再度言いますが、私は勝手に「恐竜のしっぽ作戦！」と呼んでいます。

CHAPTER13
恐竜のしっぽ作戦!!

恐竜のしっぽ作戦

ひとつひとつの売上は少なくても
商品の取りそろえ量が多いことにより
より大きな売上に貢献できる!!

もしも！　実店舗でロングテールを実行したら、すぐに倒産してしまうでしょう。

　限りあるスペースで販売をするには、ロングテールは割に合わないからです。実店舗はロングテールとは違いパレートの法則に沿って運営しています。

　パレートの法則とは、売上の８割は、全商品銘柄の２割で生み出している法則です。

　街の本屋さんを例に考えてみましょう。

　売れる場所に平積みされる本は「売れ筋商品」として目立つ場所に置かれます。

　ここに置かれる本が全体の２割で、売上は８割になるという法則です。よって８割のなかなか売れない本は生き残れずに消えていく運命なのです。

　売り場面積に限りがあるため、なかなか売れないニッチな本を置くよりも、売れる本を置いたほうが良いから、実店舗はパレートの法則に沿ったマーケティングを実施するのですね。

　このパレートの法則とまったく逆の売れない「死に筋商品」で売上を伸ばす作戦を「恐竜のしっぽ作戦！」と言います（本当はロングテールの法則）。

114

CHAPTER13
恐竜のしっぽ作戦!!

恐竜のしっぽ作戦の大成功事例は、皆さんご存知の Amazon の販売方法です。

　Amazon にはないものはない！　ってくらいの圧倒的な種類の商品を取り揃えています。ちなみに、この本含めロングテールな私の著書 4 冊も Amazon で購入できます。まさに「チリも積もれば山となる」ですね！

　なお、ロングテールの法則はパレートの法則とセットで語られることが多いので、混同しないようお気を付けくださいませ！

　混同しないためにも、「ロングテールは恐竜のしっぽ作戦」と覚えておいてくださいね！

【CHAPTER13 のポイント】
WEB を活用したネット販売はロングテールな恐竜の
シッポ作戦が効果的！

あ～作戦 ??

CHAPTER14

前回に引き続き「○○作戦シリーズ！」と言いたいところですが、今回たまたま同じようなネーミングにしてしまっただけなのでシリーズ化はいたしません。

「あ〜」というのは正式には「AARRR」のことです。Aが２つとRが３つで「あ〜」と覚えてください。
　ご説明するとAARRRの「あ〜」は、WEB業界恒例の頭文字取ってAARRRと書き、正式な読み方も「あー」なのでございます。ただし、作戦は付きませんので、間違ってもどこかの勉強会や正式な場で「あ〜作戦」とは言わないでくださいね（大恥をかきますので）。

　さて、このAARRR作戦は、どんなウェブ・マーケティング手法なのでしょうか？
　簡単にいうとこんな感じです。

「ホームページを使って常連さんを増やして、紹介してもらって、最小限の広告費で最大限の収益を上げちゃいましょう作戦！」

「え？　いい加減すぎますか？」
　では、ちょっとだけ真面目にご説明したいと思います。

（1）Acquisition
　訳すと「獲得、習得、取得」となります。ここでの意味は、興味のあるユーザーにPRし、クリックした先のページで価値を伝えることとなります。
　目標設定（KPI）例⇒「アクセス数アップ」

ウェブマーケティング手段例⇒SEO対策やPPC広告、LPO

（2）Activation

訳すと「活動的、活性化」となります。ここでの意味は「会員登録してもらう、購入してもらう」となります。

目標設定（KPI）例⇒「会員登録」「CPA」

ウェブマーケティング手段例⇒サイト導線整備、ヒートマップ分析

（3）Retention

訳すと「保持、維持」となります。ここでの意味は「会員としてログインしリピート購入してもらう」となります。

目標設定（KPI）例⇒「会員購入率」

ウェブマーケティング手段例⇒メルマガ配信（会員限定割引キャンペーン）

（4）Referral

訳すと「参照、委託」となります。ここでの意味は「会員が知人を紹介する」となります。

目標設定（KPI）例⇒「紹介」

ウェブマーケティング手段例⇒SNSと連携（インセンティブ支給）

（5）Revenue

　訳すと「総収入、総所得」となります。ここでの意味はトータル
の収益を高めることとなります。最終的な目標設定は「総売上金額」
となりますね。

　これら5つのAARRRをつなげると、このようなマーケティング
の流れになります。

① アクセス数を増やしたり、ページを見てもらう
② 会員登録してもらう、購入してもらう
③ 会員としてログインしてもらいリピート購入してもらう
④ 会員さんに新しい会員さんを紹介してもらう
⑤ 売り上げアップ！！！！

　AARRRは何気にシンプル且つ王道のWEBマーケティング手法な
ので、知らない間にAARRR施策をおこなっている企業様もいらっ
しゃいます。

　これは私の個人的な経験ですが、このAARRR施策は、アクセス
解析などのツールでは数値を測ることが困難なため、リアルなデー
タ取得と合わせておこなう必要があり、企業とウェブマーケッター
が二人三脚で実施しないと達成できない施策であると強く感じてい
ます。

CHAPTER14
あ〜作戦??

実は、この AARRR はビジネスの基本として、日本でも古くから商いではおこなわれている考え方です（いつの時代も基本は変わりませんね！）。

　わかりやすくラーメン屋を例にしてみるとこんな感じです。

　それぞれを施策するなら、チラシを配り、来店し注文してくれたお客様に「美味しい！」と感じていただき、また来てもらうことが重要となります。
　どんなにチラシを配って広告しても、リピートがなければ売上は活性化しません。

　よって、リピートしてくださるお客さまが月にどれくらいいるかを把握しておく必要があります。リピートしてくれるお客さまは、友人や家族と一緒に来てくれることが多く、さらに Twitter や Facebook で、口コミ拡散してくれる最高の営業マンになってくれます。

　AARRR は SNS との相性がとても良いので、若い世代や女性や世界（特にアジア）をターゲットとしたマーケティングには最高だと考えています。

CHAPTER14
あ〜作戦??

決して難しいウェブ・マーケティング施策ではありませんので、
ぜひチャレンジしてみてください！

【CHAPTER14 のポイント】
AARRR は SNS との相性効果抜群！
リピーターは大切に！！

アイドルの法則!?
CHAPTER15

WEB マーケティングにとっても役立つ「アイドルの法則」について
いてお話したいと思います。
　……間違えました。正式な名称は「アイドマの法則」でございま
す（本当につまらなくてごめんなさい！）。

　アイドマ（AIDMA) の法則とは Attention・Interest・Desire・
Memory・Action のそれぞれの頭文字を取って、A・I・D・M・A
となり「アイドマ」と読みます。
　私たち消費者が商品を知り、購入するまでのプロセスを 5 段階
にわけたものと思ってください。

　たとえば「今話題の吉田自動車が世界初の水素エンジン車をイン
ターネット販売！」
「100 台限定で超割引販売します」的なプロモーションに対する
ユーザーの行動は右ページのような感じです。（イラスト参照）

　ちょっとあり得ない話ですが、あくまでも例なのであしからら
ず……。

　消費者が最初から興味がない事柄であっても、販売する商品に注
意を向かせる行動、仕組み作りが Attention（注意）のプロセスと
なります。

　そして注意を引かせたら、次に Interest（関心）を持ってもらう
ために、何かしらの訴求をします。価格であれば定価と販売価格の
差であったり、品質であれば他の商品との違いであったり、比べる

CHAPTER15
アイドルの法則!?

AIDMA（アイドマ）の法則!!

 Attension（注意）

水を燃料に走る
水素エンジン搭載車が
誕生したって!?

 Interest（関心）

今月中の注文なら
定価1000万円が
100万円で買えるの!?

 Desire（欲求）

100万円で販売
するのは100台
限定なんだ!!

 Memory（記憶）

更に限定の販売
刻印プレート付き!?

Action（行動）

ウェブで申し込めば
間に合うかも!!
今すぐ注文だ〜!!
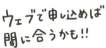
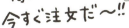

対象との差があればあるほど関心度はアップします。

　次に関心を持ってもらったら「早く買いたい」と思わる Desire（欲求）を持たせなくてはいけません。ありがちですが、限定、キャンペーン、企画、おまけなどの付加価値をつけると良いです。

　さらに、その買いたいと思う気持ちを確実なものとさせる必要があります。そのために「買わなきゃ損！」と思うような Memory（記憶）する訴求があれば、なお良いです。
　そして「お買い上げありがとうございます！」Action（行動）となるわけです。

　アイドマの法則は、WEB マーケティングを実施するにあたって、とても大切な要素となりますので必ず覚えておいてください！
　ひとつでもプロセスが抜けてしまうと反響を期待できなくなりますので、忘れそうな方は「アイドルの法則はとっても大切」と覚えておいてください！

【CHAPTER15 のポイント】
AIDMA の法則は、消費者が商品を知ってから購入するまでの５つのプロセス！

インバウンド
マーケティング
CHAPTER16

たとえば不細工な私が渋谷でナンパをしても、100％の確率で無視されていたとしましょう！　それでも何とかしてかわいい彼女をＧＥＴしたい！　考えに考え抜き私はなんと！　全身の美容整形施術をして超イケメンになりました！

　（え～、ご存知かと思いますがこれは"たとえ話"です）

　すると？
　なんということでしょう！

　今まで見向きもしなかった女性たちがどんどん寄って来て「キャー、かっこいいですね～、私と付き合ってください！」と渋谷の街を歩いているだけで願いが叶ってしまったのです。
　これが「インバウンドマーケティング」なのでございます……。

　インバウンドマーケティングとはWEB広告を実施する際に、有益なコンテンツページを作成して、ユーザーにそのページを見つけてもらうこと。
　目的のページを、見てほしい「理想のユーザー」に提供し、「ファンを作っていくこと」なのです。

　どんなに素晴らしい魅力を持っている私吉田であっても、相手が魅力を感じない外見では見向きもしてくれません！　素晴らしい魅力を最大限に発揮するために、美容整形をおこなったように、WEB広告も素晴らしいコンテンツを最大限に発揮するようビジュアルを重視した広告を作成し、興味を持ってもらい、魅力あふれる

130

CHAPTER16
インバウンドマーケティング

中身のコンテンツを知っていただく手法でございます。

　見た目重視のマーケティングに感じますが、インバウンドマーケティングこそ "中身重視" のマーケティングなのでございます。

　インバウンドマーケティングが最近になって注目されはじめた理由は、スマホの急速な普及により、私たちインターネットに接触するユーザーは、比較的安易に情報を仕入れることができるようになったからです。

　さらに、ソーシャルメディア（SNS）などのコミュニケーションツールの発達により、情報がお腹いっぱいに届くようになりました。

　そんな時代にさらに企業が相手のことをまったく考えず、無作為に広告「見て見て〜」と、情報の押し売りをしてしまったら？
「超・うざい！！！」の一言に尽きるのです。

「営業マンは足で稼ぐ！」的な、ひたすら訪問営業をして、お客様になる可能性の少ない相手に必死にアピール（押し売り）するような企業側都合の営業理論はもう古すぎます！

　正直申しまして「押し売り」はやればやるほど嫌われ、「ストーカー」扱いされます！！
　そんな非効率なことをするよりも、すでに興味を持っている相手に見つけてもらえるように、ほしい情報をしっかりと提供したほうが１００億倍良いと思いませんか？

> **インバウンドマーケティングを成功させるために必要な4つのポイント**
> 1）興味を持っているユーザーへ認知させる
> 2）理解してくれたユーザーから個人情報をもらう
> 3）メルマガや SNS 配信などで理解を深めてもらい購入してもらう
> 4）商品をリピートしてもらい口コミを発生させる！

　インバウンドマーケティングを実施するにあたり、もっとも効率的な手法はランディングページです。しかし、ランディングページはあくまでもきっかけなので、マーケティングは段階的におこなうことが理想です。

　すぐに成果を期待せず、焦らず、ジックリと相手に合わせ4段階にわけると良いのです。

　これって簡単なようですが、経験上とても難しいマーケティングなのです。

　従来のマーケティングであれば、企業都合の予算ありきのプロモーションを実施し、そのプロモーションで釣れたユーザーをお客にして「売上アップしよう！」でしたが……。

CHAPTER16
インバウンドマーケティング

インバウンドマーケティング 成功のために必要な4つのポイント

① 興味をもっているユーザーへ認知

② 理解してくれたユーザーから個人情報をもらう

③ メルマガ、SNS等で理解を深めてもらい、購入してもらう

④ 商品をリピートしてもらい、口コミをもらう。

お客様のタイミングに合わせ、それぞれの段階で必要とするコンテンツを、必要なときに、最適な状態で届ける相手重視のプロモーションは、企業は結果が出るまで我慢ができないのでございます。

　まあ、だからこそ私は「インバウンドマーケティングこそ理想のマーケティング」と思っています。

【CHAPTER16 のポイント】
インバウンドマーケティングは、お客様のタイミングに
合わせ段階的に実施する

ポジショニング戦略
してますか？

CHAPTER17

WEBを使って売上を上げる方法について相談されるたびに、私は「セコムしてますか？」ではなく「ポジショニング戦略していますか？」と言っています。

　というわけで（強引に本題に入ります）、マーケティングに欠かすことのできない戦略のひとつ「ポジショニング戦略」についてお話したいと思います。

　ポジショニング戦略は、結論から言うと、自社の取り扱う商品・サービスの居場所を明確に作ることです。

　なぜ、明確にする必要があるのか？

　それは居場所、すなわち "ポジション" が明確であれば、競合他社とやみくもに競う必要がないからです。市場は独占状態となるのです。

「ビジネスは戦場だ！」

「戦略を立てて激戦区で戦って勝利してこそビジネスだ！」

　と本気で考えている社長さんはポジショニング戦略は無視していただいて結構です！（マジです）

　ポジショニング戦略っていうくらいなので、競合他社と思いっきり競って戦うのかな？　と感じますが、戦わないで勝つ方法がポジショニング戦略なのでございます。

　ポジショニング戦略は、自社の取り扱う商品・サービスのポジショ

CHAPTER17
ポジショニング戦略してますか？

ンを明確にすることですから、自社の取り扱う商品・サービスがその市場で圧倒的なシェアを確保していなければならないのです！

　取り扱う商品・サービスが、その市場においてどんな立ち位置にあるのかを知らないと、ポジショニングしたつもり戦略になってしまい、結果は出ません！！

　多くの企業が自社商品は「売れる！」と思って開発し、市場に出していると強く信じているため、正確なポジショニングをしないまま、激戦区の市場で勝負してしまっているのです！！

ラクトクではなくツラソン！？

　どの企業も楽をして得をしたいものです。これを「ラクトク」と私は言っています。

　私も学生時代、就職先選びのポイントとして、「休日が多くて、楽して給料をたくさんもらえる会社はないかな〜」と本気で探していた記憶があります。働く側はこんなものです。

　経営者だって同じです。真相心理はこんなもんです。
「無駄な人件費をかけずに、楽して簡単に儲かる商品・サービスはないかな〜」

　働く側のラクトクとは、対照的なのが消費者です。
「安くてうまくて美味しいレストランはないかな〜」

137

「高級ブランドが激安価格で売っていないかな〜」

　私たち消費者も働くときとは逆に、少ないお金で良いものをゲットしたいのです！

　この相反するラクトク理論がポジショニング戦略をするうえで、とても重要なのです。

　商品、サービスを提供する企業と商品、サービスを必要とするお客様が相反する"ラクトク"を欲しています。だから売れないのです！！！！！！

　もっとも危ないパターンが取り扱う商品、サービスが売れないため、あせった社長は競合他社と値引き合戦を開始してしまうことです！

「値引きセール」「安売り」「投げ売り」の悪循環スパイラルに突入です。

　その結果、市場は崩壊……。

　結局、薄利多売で生き残れるだけの体力を持っている大手企業だけが生き残る仕組みが形成されてしまうのです。

　多くの経営者が知らぬ間に、この悪循環スパイラルにハマってしまうのでございます。

CHAPTER17
ポジショニング戦略してますか？

【CHAPTER17 のポイント】

ポジショニング戦略とは自社の取り扱う商品・サービスの市場を明確にすること！

　吉田流の「ポジショニング戦略」はラクトク厳禁です。
つらくて損するサービスを提供する「ツラソン」をすることで、ポジションを作るのでございます。

　それはなぜか？　簡単です。市場がガラガラだからです。

　経営者と働く従業員が力を合わせ企業努力（ツラソン）によってお客様のラクトクを叶える！！　その結果、他社が簡単に真似できないような市場（ポジション）を確立できる！
　これこそが吉田流「ポジショニング戦略」なのでございます。

　小さな会社にとってポジショニングを明確にすることはとても重要です。特に、社長（経営者）は絶対把握している必要があります。
　把握しているだけではなく、社長はポジションを確保しつづける必要があるのです。

　確保し続けるために常に変化しつづけるニーズに対応し、市場を見極め、変化していくことが必要なのでございます。

CHAPTER17
ポジショニング戦略してますか？

市場を見つけるための５つのポイント！

CHAPTER18

WEBを活用し、売上を上げるためには、ポジショニング戦略がとても重要であることはおわかりになっていただけたと思います。最終章で、世界で勝負ができるインターネット上での市場、ポジションをより明確にするためのポイントをまとめました。

（1）ベネフィットはあるか？

　ベネフィットとは、お客様のワクワク、期待、メリットを意味します。貴社の提供する商品・サービスをお客様が手に入れると、どんなメリットがあるのですか？

　・お客様はどんな期待をしていますか？
　・お客様はどんな悩みを解決したいと思っているのですか？
　・貴社の提供する商品・サービスは、お客様の○○を満たせますか？

　上記を満たせるならば
『お客様はいくらまでなら喜んでお金を支払ってくれますか？』

　これが価格を設定するときの基本となります。価格設定が難しいと思っていた社長様は、ぜひ参考にしてください。

（2）自称1番で良いので強みを探そう！

・何てたって安さが一番！　業界最安値で勝負に決まっている！
・本物こそがすべて！　材料、素材、質にこだわって高級感で勝負

144

するぞ！
・やっぱりスタッフの対応力、接遇力で勝負だ！

　いわゆる競合他社との差別化です。差別化こそがポジションを明確にするうえでの重要な要素となります。
　私の経験ではありますが、いろんな差別化が考えられますが、社長がもっとも「こうありたい」と思う理想や願いを込めたほうが叶いやすいので、まずは自称で良いので我こそナンバー１と思えることで勝負してください！

（３）利用シーンを想像してみよう！

・取り扱う商品・サービスを実際にお客様はどんなときに使用しますか？
・使用したとき、どんなメリット・デメリットがありますか？

　意外と盲点なのがこれです！　取り扱う商品やサービスをお客様が実際にどんなシチュエーションで利用するのかを多方面からリサーチしてみると良いです。結構、思い込みで売る側が用途を決めつけている場合があるので気を付けてください。

　また、取り扱う商品のメリットばかりをPRしてしまう傾向もあるため、デメリットを伝えることで効果を発揮する場合があります。

（4）ポジショニングマップを作ってみよう

　提供する商品・サービスは強豪他社が提供する商品・サービスと比べた場合、どんな位置関係にあるのかをマッピングすることでポジションがより明確になります。

　マッピングは常に競合調査をしていれば作れると思います。例をあげるとこんな感じです。

（5）キーワードブランドを決めよう！

　1～4までを実施し、シッカリとしたポジションが見つかったら、キーワードを決めることで将来的なブランド化につながります。

「ドラッグストアと言えば、マツモトキヨシ」
「3時のおやつと言えば、文明堂」
「中小企業の駆け込み寺と言えば、吉田英樹」←まだまだ！

　というように「○○と言えば、貴社が提供する商品・サービス！」と、業界内外ですぐに言われるようになればポジション確定です。圧倒的首位（シェア）獲得間違いなしです。

　これは大手企業、中小企業関係なく、すべての企業にとっての最終的な目的となりますので、しっかりと時間をかけて構築したいですね！

CHAPTER18
市場を見つけるための5つのポイント！

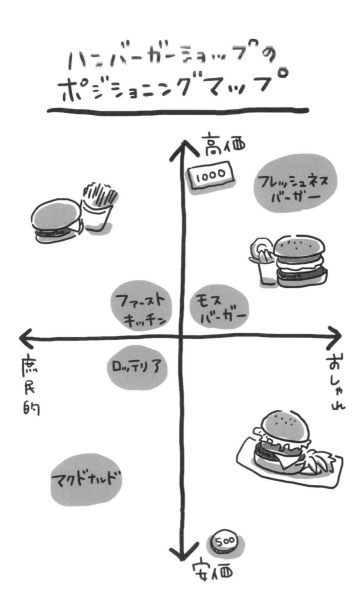

しかし、このキーワードブランドに関しては、ニーズによって変化する可能性があります。ブランドを変えたら、ポジションが良くなり、売上が飛躍的にアップする場合もあります。

　実際の例なのですが、「スポーツドリンクと言えば、ポカリスエット」のブランドを「健康飲料と言えば、ポカリスエット」とスポーツから健康にキーワードを変更したところ、売上が大きくアップしたそうです。

　私個人的には「風邪を引いたらポカリスエット」もなかなか良いかもと思っていたりします。

　そしてこんな事例もあります。
　もともとは料理用のハサミで売り出した商品を、まったく同じハサミですが、事務用シュレッダーハサミに変更したら大きく売上がアップしたそうです。

148

CHAPTER 18
市場を見つけるための5つのポイント！

どの市場で、どの場所で、どんなシーンで、どんな人を相手にポジションを確立するか？

　商売をするうえでとても大切なポイントとなりますので、これらを参考に貴社が提供する商品・サービスを必要とするお客様に提供していただければと思います。

【CHAPTER18 のポイント】
５つのポイントを明確にすると顧客一人ひとりのオンリーワン市場に！

忙しい社長のための
ランディングページ
活用術

おまけ

「ランディングページを作って WEB 広告をおこなったのにまったく効果が出なかった」
「業者は調子の良いことばかり言って、何もしてくれなかった」

　文句のひとつも言いたくなります。中小企業にとっては、決して安くない費用を支払っているのですから当然です。

　が！
　WEB マーケティングを実施し、結果が出なかったその理由は、本当に業者の責任なのでしょうか？　本当に何もしてくれなかったのでしょうか？

　たくさんの WEB 販促を見てきた私の意見としては「業者が何もしてくれなかった」のではなく「何もしてくれない」と勘違いをしている場合がほとんどでした。

　テレビ、新聞、雑誌、ラジオなどの他のメディア媒体に比べ、インターネット媒体は、群を抜いて費用対効果が高いのです。少ない費用で大きな利益を生むローリスクハイリターンという噂が先行し、最初からインターネット媒体は期待値が高いため、効果が出なかった理由を業者の責任にすり替えてしまっているのです。

　結果を出している企業の社長さんのなかには、SNS やメルマガ、ブログ、ランディングページなどをフル活用して集客をしています。
　24 時間 365 日、スマホを離さず、常に情報発信をおこなっている方もいます。インターネット媒体を活用して効果を出すには、そ

おまけ
忙しい社長のためのランディングページ活用術

れなりの努力と継続をしているのです。

　ちょろっとお金を出してパパっと集客してガッポリ稼ぐ！
　普通に考えれば不可能なことくらいすぐにわかると思います。それでも非常に多くの社長がインターネットは万能で、何でも簡単にできると勘違いしているのです。

　WEBを使って集客をするのは本当に大変です。とってもとっても大変です。無駄な費用をかけずに集客できる唯一のツールであるがゆえ、今では超激戦区であることをご理解ください。

　大変大変と脅かしてばかりですみません。大変ですが、しっかりとPDCAを繰り返し、WEBを育てれば効果は階段方式で徐々にアップします。
　さまざまなWEBツールがありますが、私が推奨するもっとも今おすすめのツールはランディングページと営業用パンフレットを一体化したLPP（ランディングページパンフレット）です。

なぜ私がLPPをおすすめするのか？（LPP＝ランディングページパンフレット）

　前述の通り、ランディングページとはGoogleやYahoo!で検索したユーザーが、クリックしたときに最初に訪問するページのことです。
　PPC広告などの着地ページに使用することがほとんどです。

153

すでに何度も目にしているかもしれませんが、LP は検索してク
リックしたときに最初に見る WEB ページです。
　とってもとっても長〜い 1 枚のページをよく目にしませんか。そ
れが LP なのです。

　LP はクリックしたユーザーが迷わないように、上から一気に読
ませ、コンバージョンにつなげようという施策です。
　見せたい内容を見てもらえず、せっかく広告費を支払ってページ
に来ていただいたのに、すぐに離脱されたら、マーケッターとして
広告主（お客様）に示しがつきません。

　効果を上げるために、上から興味を持って順番に見ていただける
よう研究に研究を重ねた結果、まるで深夜放送のテレビショッピン
グのような 1 商品を長時間説明するページが誕生したのです。
　そして、コンバージョン成果として「購入」「問い合わせ」「資料
請求」などへ促す仕組みになったのです。

　私は LP が主流になるずっと前から検索に特化した代理店で営業
をしていたため、効果を上げるために LP ではなく、「ＷＥＢチラシ」
と命名し、広告のリンク先として活用していました。
　その手法がいつしか LPO（Landing page optimization）と呼ばれ、
今ではいろんな業者がこぞって採用し、WEB マーケティングをす
るなら絶対に外せない常識にまでなっています。

おまけ
忙しい社長のためのランディングページ活用術

　ちなみに、私が元祖ではありませんのでご注意ください。特許を取っているわけではないのですが、たんに業界内に誰よりくダントも早く実践した代理店だったことは間違いありません。

　当時は、検索に特化した広告代理店は、数える程度しかなかったですからね。しかし、今では LP 活用は飽和状態となっています。ここまで増えると、逆にユーザーからすると「ウザい」と感じてしまうのです。

　検索してクリックするたびに、長〜いページが出てきて探している情報がどこにあるのか見つからず、面倒になり、一瞬でページを閉じてしまうことってありませんか？

　情報が多くなりすぎ、テーマが分散した結果、これではランディングページの意味がなくなっているのです。

　そこでプロモーションの原点に戻り、新規営業時に大活躍していたパンフレットと同じように、LP を使用すれば良いのでは？　と考案した次第でございます。
　それが LPP ＝ランディングページパンフレットです。

おまけ
忙しい社長のためのランディングページ活用術

　LPP について詳細の説明をする前に、先にホームページという概念から説話します。インターネットに接続して、インターネットエクスプローラーなどを立ち上げると、「Yahoo!」や「google」といったページが出てきます。

　いわゆる検索エンジンと呼ばれるもの。いろいろな情報の集合体であり、窓口になるもの。それがホームページです。ポータルサイトとも言います！

　そのホームページと区別するために、自社サイトをここではWEB サイトと呼ぶことにします。私たちはホームページを作成するのではありません。ホームページで検索したときに、上位に登場するための広報ツールを作成しているのです。

　ということは、考えようによっては検索の上位になれば、それはWEB サイトでも LP でも、Facebook でも twitter でも、ブログでも、LINE でも、Instagram でも何だって良いのです。

WEB サイトと SNS、それぞれの目的とは？

　PR したい情報を掲載されているページが、検索エンジンで上位にヒットすれば、ページを見ていただける機会が増えます。これは当然のことですよね。

　そのページがホームページでも、LP でも、Facebook でも、twitter でも、ブログでも、LINE でも、Instagram でも検索にひっ

かかることがミッションなのです。

　ということは！

　WEB サイトだけでは検索にひっかかる確率は圧倒的に少ないのです。

　だからと言って、たくさんあるツールにすべて手を出してしまうと管理（更新）ができずに逆効果になってしまいます。

　企業のオフィシャルサイト、ランディングページ、ブログ、メルマガ、Facebook、Twitter、Instagram などなど、各ツールの特性を理解し活用すべきなのです。

　多くの中小企業が、このようなツールを活用するのは、より多くのプロモーションの機会を得て、自社のサービスや商品をアピールすることで売上につなげることが目的です。たんに社長の自己満足やプライベートの自慢大会の場ではないのです。

　すべてのツールに時間を割き、役割を理解し、実践し、管理し、継続できるのであれば、これ以上ない最強のツールになりますが、ただでさえ忙しい社長にはほとんど不可能なことなのです。

　という現実を踏まえ、私は LP がその役割を一番担える広報ツールだと確信しています。

LP は、忙しい社長が頼れる営業マンである

　プロモーションの重要性は薄々感じていながらも「時間がない」

158

おまけ
忙しい社長のためのランディングページ活用術

「社員不足」「社長である自分が忙しすぎる」というのが実情なのではないでしょうか。

特に中小企業であれば、優秀な営業マンを確保することは非常に難しいですよね。

新入社員が入社してきたとしても、すぐに戦力にはならず、社長が、育成しなければいけないということも多いでしょう。

仮に、中途採用で営業経験者を雇うことができても、自社のサービスや商品を十分に理解し、結果を出してくれる人材となるかは、わかりません。忙しい社長の右腕となってくれるかどうかは未知数です。

その点、LP にはこれがアピールポイントです、というところを入れ込んでいるのでアピールポイントがずれることはありません。

おなじ商品でも 10 通りのアピールのしかたがあれば、それごとに 10 種類の LP を作成したら、10 名の営業マンが自分を助けてくれることになる。それも寝ないで働いてくれるのですから、本当に優秀は営業マンです。

LP はスピード展開が魅力

情報を欲しているユーザーに、ダイレクトに情報を提供するために LP が存在します。そのためには、キーワードと紹介文と一致した内容のページを作る必要があります。

159

ジックリ時間をかけて業者に依頼して、では遅いのです。という
より、コストがかりすぎるのです。

　キーワードと連携させるには、1 枚 2 枚の LP では足りないから
です。1 つの LP を作成したら、キーワードをわけて複製したり、
アピールする商品やサービスの視点を変えたりして、横展開する必
要があるからです。

　細かいことは後で触れますが、スピーディーに LP の展開するた
めにバージョンアップした LPP のフォーマットをご用意いたしま
した。

おまけ
忙しい社長のためのランディングページ活用術

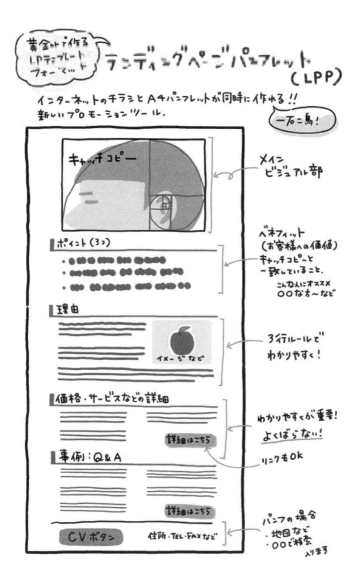

LPP 作成の６ステップ

ステップ１：メインビジュアルは黄金比にする
ステップ２：キャッチコピーは広告タイトルと紹介文と完全一致させる
ステップ３：ベネフィットは３つのポイントで簡潔に！
ステップ４：説明文は３行ルールでわかりやすく！
ステップ５：価格やサービス詳細はさらっとで OK！【注意】絶対に欲張らない
ステップ６：事例や QA は本当はなくてもいい（もう誰も信じないため）

　上記ステップに沿って作成してください。
　作成する際に気をつけたいポイントとして、よくある失敗理由をご説明したいと思います。

LP 作成よくある失敗：その１
　「情報のてんこ盛り！テーマの分散、詰め込み過ぎ」

「Yahoo!」や「google」といった検索エンジンで上位検索されるためには、キーワードが重要だということは、すでに多くの人がご存知でしょう。
　検索エンジンでどんなキーワードが入力されているのか。検索されやすいキーワードと自社サービスや商品を結びつけるため、SEO 対策に徹底的にこだわっているという人もいます。
　とにかく検索にひっかかりたい！　そんな思いが強ければ強いほ

おまけ
忙しい社長のためのランディングページ活用術

ど、キーワードをてんこ盛りにしてしまいがちです。これを私は
「キーワード百貨店」と呼んでいます。

　検索してくださる相手のことを想像しながら、LP はテーマに沿っ
て、それぞれ作成することがとても重要なのでございます。

LP 作成よくある失敗：その2
「キーワードの選定ミス」

　これは単純に、検索キーワードの選定ミスです。たとえば、あな
たが起業するとします。さて、検索するキーワードは何でしょう？

「会社設立」「格安　会社設立」「会社設立　業者」「会社設立　費用」
「起業準備」「起業の流れ」などなど、キーワードをあげたらきりが
ありませんが、効果のあがるキーワードはある程度厳選されます。

　たとえば、起業するときに資金が潤沢である人は多くありません
ので、できるだけ経費は抑えたいとするならば、「格安　会社設立」
「会社設立　費用」といったコストに関わるキーワードが検索され
やすいと考えられるでしょう。

　LP で紹介するサービスや LP のメリットを検索されやすいキー
ワードに落とし込むには、何を選択すれば良いのか。売り手と買い
手が求めるキーワードが違うことも多いので、ここに時間をかけて
検討すべきです。

163

LP作成よくある失敗：その3
「メインビジュアルが悪い」

　検索した際に訪れるページに対して、ジックリと情報を読むかどうか決めるまでの判断時間はたったの1秒なのです。

　言うまでもなく、ファーストビューはとても大事なのです。LPにとってのファーストビューは、メインビジュアルです。つまり、このメインビジュアルの良し悪しでほぼ決まってしまうのです。

　有料の写真サイトなどを見て、「たしかにかっこいいし、こんな写真を使いたいけれど高いな」とあきらめた経験があるのではないかと思います。高くて予算が厳しいから、自分でちょっと撮影した写真があるから、とりあえずこの写真で対応しよう。

　その"ちょっと撮った写真"つまり素人写真が、失敗の要因なのです。自社商品やサービスに興味を持ってもらうためのLPなので、ビジュアルが優れていなかったら、いったい誰が振り向いてくれるでしょうか。

LP作成よくある失敗：その4
「ストーリーがなく、何を言いたいのかわからない」

　LPは1スクロールで、上から下まで見せるというレイアウトになっています。そのため途中で注意や興味がそがれてしまったら、

おまけ
忙しい社長のためのランディングページ活用術

その時点でページから離脱されてしまいます。問合せや購入などの
コンバージョン部分まで見てもらうことができません。

　ジックリと最後までページを見てもらうためには、ユーザーを引
き付けるためのストーリーが必要になります。
　私が提供している LLP テンプレートを参考に作成すると、ストー
リーが大きくブレることがないので参考にしてください。

売上アップにつながる 3つのポイント

1. 訴求LP

細分化すると効果は高まる!!

2. スピード重視

良いと思ったLPのエッセンス抽出！マネしてみる！

パクッちゃダメよ

3. メインビジュアルは黄金比

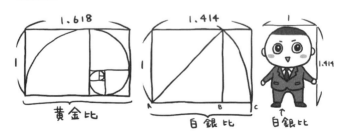

おまけ
忙しい社長のためのランディングページ活用術

売上アップにつながる LP は、ここが違う！ 3 つのポイント

ポイント1：1訴求1LP が理想

　LP は 1 商品ごとに 1 サービス！　これが鉄則です。1 つの商品（キーワード）に対して複数の連想キーワードがあるなら、LP もわけたほうが良いのです。

　たとえばリフォームの LP でしたら、リフォームのジャンルがあります。内装、外装など、この場合なら 2 つになりますが、さらに内装をわけることもできます。水回りと部屋といった感じです。さらに水回りを分割すると、キッチンとお風呂にわけられます。
　このように 2 分割、3 分割することで効果はどんどん高くなります。手間はかかりますが効果アップ間違いなしです。

ポイント2：最初は真似することからスタート！

　真似は絶対にしたくない！　その気持ち、わかります。でも、真似をしてでも時間を短縮してほしいのです。まずは 1 日でも早く、より多く LP を作成したいからです。
　真似をするという言葉の印象が良くないので、「真似なんて」と思われるかもしれませんが、LP の特徴は、圧倒的な数を作り、消費者との接点をスピーディーに増やすことができる点にあります。
　準備段階で訴求キーワードを必死になって考えても、どのキーワードが検索されるのかは、この業界が長い人間であっても、やってみないとわからないところがあります。

167

LP を立ち上げてから、アクセス数を見て、微調整していくことができる点も LP の特徴なのですが、結論としては「とにかくやってみよう！」なのです。

　この検索キーワードならヒットするのではないかと思いついたら、すぐに実行すべきです。1 日でも早く売上を上げたいなら、1 日でも早く LP を立ち上げるべきなのです。

　インターネット上にあふれている、参考になりそうな良くできている LP の真似をして、何となく目にとまるデザインや言葉を真似て、自社の LP の完成度を高めていけば良いのです。
　もちろん 0 から 100 まで真似することはルール違反です。優れたエッセンスを抽出して、真似るといったほうが的確ですね。

　その LP が公開され、確実にアクセス数を上げているのであれば、そこには制作側の研究・努力が詰まっています。その LP が完成されるまでの過程では、何百万円、いや何億という開発費が投資されています。何度もトライ＆エラーが繰り返され、その集大成であるからこそ、公開されているのです。

　当社にも、人とは違うデザインをとか、見たこともないようなオリジナルなものをとご依頼される方がいますが、この世に見たこともないようなものなんて存在しません。
　大企業が何百万円、何億円とお金をかけてひとつの結果を出しているのに、個人で同様のことができるでしょうか。

おまけ
忙しい社長のためのランディングページ活用術

すでに先人たちによって、あの手この手で研究されたものに勝てるわけはないのです。そこに労力を費やすのではなく、早く、たくさん LP を立ち上げ、自社の PR に励みましょう。

ポイント３：メインビジュアルは超重要！！黄金比がベスト

広報ツールにお金をかける余裕がない……。でも何かひとつだけお金をかけて、効果をアップさせるならば、私はメインビジュアルにお金をかけることをおすすめします。

しかし、お金をどんなにかけてもビジュアルが悪ければ意味がありません。そのためには黄金比を参考にしてください。なぜ黄金比が良いのか？

それは美しいからです。

なぜ美しいのか。黄金比で有名なものは「パルテノン神殿」があまりにも有名ですね。他にも「ピラミッド」「ミロのビーナス」「パリの凱旋門」「モナ・リザ」などです。

日本で有名なのは「富嶽三十六景」「金閣寺」でしょうか。人物で言えば「オードリーヘップバーンの顔」が、黄金比で構成されているそうです。ちなみに、著者である私は白銀比で構成されています。大仏様も白銀比ですね。

以上を踏まえ、LP をどんどん作成していただき、WEB プロモーションに活かしていただければ幸いです。事例も２つほどご紹介させていただきますので参考にしていただければと思います。

ランディングページ・パンフレットの事例①

おまけ
忙しい社長のためのランディングページ活用術

ランディングページ・パンフレットの事例②

あとがき

　インターネットの出現により広告宣伝、プロモーションの手法が大きく変化しました。広告代理店やプロモーターが過去の経験から一本釣りでユーザーを操作し、大量生産、大量販売、大量消費する時代は完全に終結したのです。

　バブルがはじけてからもう20年以上経過してもなかなか物が売れないのは不景気のせい！　と決めつけて疑わないのは大きな勘違いなのです。

　すでに20年前から時代は変化を開始し、本当の意味で嘘がつけないガチ勝負の「本物こそが残る時代」へと突入していただけなのです。

　これはユーザーである消費者の私たちが知らぬ間におこなっていた行動が証明しているのです。

　インターネットの出現により情報はどんどんとあふれるくらい入ってきます。いらないといっても無理やり入ってくるくらい情報がありふれています。

　そのため無意識の間に、私たちはより少ない時間で、その情報が自分にとって必要な情報かどうかを判断する能力がどんどん高まっています。

おわりに

あるデータではインターネット検索ユーザーは1秒以内に情報を分析し、自分にとって必要か必要でないかを決めているのです。

それくらい忙しい時代になっているのです。

そのため企業が永続的に生き残っていくには、昔のような企業中心としたマーケティングは絶対に避けねばなりません。

商品やサービスを教科書通りに代理店に任せ、何も考えずお金だけ出すようなプロモーションをおこなっても絶対に効果は出ません！

これだけは断言できます。

たとえ大手企業が1億円をかけて大規模な広告プロモーションをしても効果は発揮できないのです。

小手先の教科書通りのプロモーションでは私たちユーザーを導くことはできません。なぜならまったく心に響かないからです。

ユーザーひとりひとりに必要な情報を24時間眠らずに提供することができる営業マン、スタッフはWEBというツール以外に存在しません。

文句も言わずにコツコツ働き貢献してくれる最強の武器なのでございます。その最強の武器を活かすも殺すも経営者次第です！

昔のような　軍隊＝営業！　営業は根性だ！　足で稼げ！　という時代はすでに終結しました。AIなどのIT技術の進歩に伴い、これからの時代は、ひとりひとりのユーザーにそれぞれ的確な情報を絶妙のタイミングで届けることが問われているのです。

　絶妙なタイミングで情報を届けるための第一歩が「インターネット検索」なのです。私たちが興味や関心を持つと今はインターネットで検索し情報を得ようとします。

　電話の104サービスや辞書などで調べる人もいますが、ほとんどの方はスマホやパソコンからYahoo!やグーグルを開き、検索窓から得たい情報をWEB検索からゲットしているのです。

　茶道に由来する日本の有名のことわざ「一期一会」という、一生に一度の出会い、あなたとこうして出会っているこの時間は、二度と巡っては来ないたった一度きりのもの。この一瞬を大切に思い、今できる最高のおもてなしをする。

　この精神を受け継ぐ日本の文化、原理原則に基づく最強のツールがランディングページを活用したWEBマーケティングなのです！

　検索をしてくれたユーザーがクリックをして御社のサイトへ訪れてくれたとしても、2度目は永遠にない可能性が高いのです。

　一期一会の出会いから常連、ファンになっていただくためのとても重要なものなのです。

おわりに

　決して大げさではなく、サイトに訪れてくださったユーザーに最高のおもてなしをすることが大切なのです。

　にもかかわらず実際にはユーザーのことを完全に無視したウリウリ！　見てみて！　の企業の自慢サイトになってしまっているのが現状です。

　江戸時代からの日本の文化、茶道の心得えが、これからどのように変化しても、普遍的に変わることのない「おもてなし」が経営者にとってもっとも忘れてはならない要素なのです。

　お客様は神様ではありません。
　最強のパートナーであり、次のお客様を導いてくれる最強の営業マンなのです。

　最強・最高のツールであるWEBをフル活用し、最強・最高のパートナー兼営業マンのお客さまとの出会えるよう願っています。

吉田英樹

吉田 英樹（よしだ・ひでき）

1970年、栃木県小山市生まれ。2005年に独立し、ウェブマーケティングを軸とした「株式会社アド・プロモート」を設立。主に業種的にプロモーションが難しいといわれる業界のサポートを好むことと、見た目が坊主であることから「ITの駆け込み寺」とも呼ばれている。延べ1,000社以上を超える法人クライアントをサポート。著書に『ウェブ・マーケティングのプロが明かす「超・ネット販促」』『明日の出社が恋しくなる73のことば』『ひとりビジネスのはじめ方「好き」を仕事にする！』（いずれも青月社）がある。

知識ゼロでも大丈夫！
忙しい社長のためのWEB活用術

発行日	2018年 8月31日　第1刷発行
定　価	本体1200円＋税
著　者	吉田英樹
イラスト	ノグチノブコ
デザイン	涼木秋
発行人	菊池 学
発　行	株式会社パブラボ
	〒101-0041　東京都千代田区外神田2-1-6　宝生ビル
	TEL 03-5298-2280　FAX 03-5298-2285
発　売	株式会社星雲社
	〒112-0005　東京都文京区水道1-3-30
	TEL 03-3868-3275

印刷・製本　株式会社シナノパブリッシングプレス

©Hideki Yoshida 2018 Printed in Japan
ISBN978-4-434-25209-9

本書の一部、あるいは全部を無断で複写複製することは、著作権法上の例外を除き禁じられています。落丁・乱丁がございましたら、お手数ですが小社までお送りください。送料小社負担でお取り替えいたします。